老神再在

破繭而出

【修訂版】

謝明杰／著

【直心推薦】（依姓氏筆畫序）

■王榮裕（金枝演社創辦人）

與明杰的認識真是相見恨晚，承蒙他看得起，先讓我一睹新書的內容。推薦是不敢，但倒有一些心得分享。

坊間的心靈成長書籍這麼多，如佛家所說的因緣，要是沒緣分，還真不會接觸到。明杰在他的《老神再在Ⅲ》裡，完全是位苦口婆心的老師，字字句句滿滿的愛，用本我與神我對話的形式，將他生命的經驗與體會分享給大家，引領大家往更好的道路前進。真心希望更多有緣人能夠看到這本書，進而從中得到正向的收穫。

很多佛家的經典也是以對話形式進行，明杰以清晰的形式用文字記錄下來，讓我們看到本我與神我的關係。雖然最終我們還是必須面對自己的困境，獨自尋找解答，但書中片段多少都會發生在我們每個人身上。明杰這本書可以讓人得到很多力量，是一本實實在在的心靈成長工具書。

■白曛綾（國立交通大學環工所所長）

自從四年多前在因緣際會下踏入靈性圈後，我看過許多靈性老師寫的文章，但說實在的，對於雖有著感性腦卻又學科學的我而言，總覺得他們天使來天使去的，很快地，沒耐性的我就對於千篇一律的靈性文章膩了。

而我看明杰與他的書，有著和其他靈性老師截然不同的感覺。倒不是說我喜歡明杰的前兩本書，相對的，我一直很難接受對話式的靈性書籍，明杰的書也不例外。

明杰的第一本書，是我在書局中看到的，它就擺在非常明顯的位置，但當時的我實在讀不下去，因為我無法接受明杰的「小我」。

明杰的第二本書談的是愛情，而那時我還在為情所困，於是我買了明杰的書回去看，希望能藉此加強從愛情的苦中解脫的力量。但儘管神的話語確實有智慧，我卻還是傲慢地一邊讀一邊在心裡罵：「你難道就不能聽明一點嗎？怎麼老是問神這麼愚蠢的問題？」

當時的我，其實不很清楚，我對明杰文字的批評，正是自己內在的投射，我認為明杰被愛所困，問出很愚蠢的問題來，而我何嘗不也當局者迷？真正愚痴者是誰？現在看來就很清楚了。

然而透過臉書認識明杰後，我倒是一直很喜歡明杰在臉書上的文章，因為我看到一個清楚自己，也勇於面對自己、非常真實的人。這世界上，願意誠實面對自己的人，真的很少。（當然同樣再次的，這又是我的自我投射與反射。）

而這第三本老神再在，果然如書名一樣，我看到破繭而出的明杰。此時明杰和神的對話，與其說是小我與神的對談，不如說明杰已經成為一個成功的引言人，不僅問出很棒的問題來，更補充了許多自己的觀點。

現在的明杰，是能夠觀察到「群我」的不同層面，同時也不害怕呈現各種不同的「我」。透過不斷地與內在神對話，小我與高我之間的分際線已逐漸消融。

而我也終於知道為何明杰會找我寫「讀後感」？原來神要我透過書寫來明白，無論我是批評、欣賞或認同明杰，其實都只是在反映出我自己的內在，這不僅是所有作者與讀者的必然關聯性，同時也適用於所有的關係。

雖然破繭而出了，然而修道之路是無止盡的，神知足卻從不滿足，祂將經由我們持續地探索。明杰、你、還有我，都將一同在神的指引下，透過自我覺察，而一再地經歷各種破繭而出的過程。

■李忠儒（戀家小舖創辦人）

我不是看了書才認識明杰，我認識他十幾年了，早在明杰遇到「奇蹟」之前我就認識他。年輕時候的明杰，就像他書裡寫的那般，叛逆、茫然，眼神雖然清澈，但眼底深處卻充滿了對自我價值徬徨的無助，直到他遇到了「老大」。

當我看了《老神再在》的第一集，我簡直懷疑這本書是他找人代筆。直到把書看完之後……親愛的讀者們，不管你信不信，總之我是信了，因為在遇到老大前後的明杰，他雖然還是相同的靈魂，但所綻放出來的光芒卻完全不同。如果以前他的靈魂只是一朵隨時會迎風而熄的小火花，現在他靈魂所綻放出來的光芒，已經足以溫暖及療癒他身邊的每個人。

很高興《老神再在》出到了第三集，對認識明杰這麼久的我來說，相當榮幸能陪他走到這一站，因為我知道這本書裡的每一個字，都是明杰用生命以及靈魂打出來的，字字句句都是在一次又一次的涅槃中，所得到的智慧與啟發。

誠心的推薦給您。

廖閱鵬（知名催眠大師）

大道至簡。越簡單的事物，越契合於道。明杰是個簡單的人，有一顆簡單的心，是以與道不遠。本書中，明杰與內在的神之對話，屢屢讓我忍俊不住，或擊節讚賞，或別有啟發，真乃值得推薦之好書！

目錄

開卷言

人類頂著制式的模組，僵硬冰冷地刻劃著這世界的線條。虛假快逝的城市光影讓情感的態度戴上了面具。這份令人窒息的渾濁能量如梗在喉卻無處脫逃……

你感到這世界古怪又說不出所以然，於是你啟程找尋真理～或神。為好奇，為超脫，為解答，為了活個明白。

當對約定俗成的事與周圍存有感到理所當然，你對世界就不會好奇。另一個使你不再好奇的極端是：當你用明晰的心眼透視這人間世界一切的虛幻不實。

真理原來是你的心，世界只是幻。不管說了多少次「我知道」其實還是不知道，只有你深刻體悟到世界的虛幻，你才會找到生命的真實。

最後如梗在喉的感覺消失，古怪也失去了蹤影。看清幻象，讓你的心真正地脫離了世界，自在地飛翔，更遠離了苦。

那便是涅槃的寂樂。

作者序

大家好！我是謝明杰。第一本書《老神再在》在華人身心靈圈引起一些漣漪；第二本書出版後開始有人稱我「作家」，其實我根本只是「半路出家」——沒有著作等身又言之有物怎敢言「家」？這是我的第三本書，還拖了好幾年，可見離「家」字還大有距離。

我的第一本書其實是遺書，燒炭前寫的，寫的過程中就讓我忘了要燒炭了，那本書裡的內容讓我的心境乃至人生起了巨大的變化。書籍在因緣際會下付梓，沒想到卻廣受大家的喜愛，接著又出了第二本。這兩本書問世帶給我的影響非同小可，我的變化在許多過去的熟人眼中根本是「量子跳躍式的奇蹟」。很抱歉！這是我所能找到最恰當的用詞。我是如何一路從一個別人眼中並不受重視的傢伙變成今天這樣？我想我不會否認我是幸運的，許多的幸運紛至沓來就是奇蹟。

第一本書出現之後，生命的變化是我第一個奇蹟。既然老天開了頭，而我是祂的合作夥伴（你們也都是），我得接手後面的創造。這四年來，我住在一個令人稱羨的世外桃源，接受最嚴格的心靈試煉。那是一個距離市區只要十五分鐘車程、卻有著蓊鬱山林的美景聖地，讓我可以離城不離塵的用出世的生活觀去面對入世的人事擾攘。老天很有意思，把你放在最優美的生活環境，卻讓你承受最痛苦的心靈試煉。這四年的時間，讓我可以把這些憑空下載的文字內容真實地活出與落實，進而創造更多的奇蹟分享出去。「創造生命奇蹟」的心法一直在增加著，這過程中，不論是我用演講口述或是臉書的文字記錄，都見證著祂真實地存在每個人心中。

這本書像一把利刃把我的人生和過去硬生生地切開，對我而言，過去的我像是另一個人的命運，卻真實地發生了扭轉的奇蹟。這份奇蹟最大之處，便是恩典與試煉同時發生，對一個人的心性來說，這樣的安排是重要的——訓練我可以不卑不亢、平實真誠地面對來到眼前的人事。度過這四年歷練的我，榮耀不再使我感到驕傲，也不再追尋榮譽，貶抑也不會讓我自卑與逃避。心從過往的洶湧起伏中重新設定為寧靜超然，歸一切於中道。我感謝所有一路上幫助過我、提點過我、分享給我也支持我的每一個人。我也要感謝每一位認識我的和我認識的人。我更要感謝給予批評、責備、甚至是攻擊的人。是這些全部的你們，造就了我。

我今年四十三歲了，嚴格說來人生走了一半。衝過、拼過、愛過、狂過、蠢過、荒唐過、糟蹋過也陷落過。陷落到谷底，竟被一本自己寫的「神話」改寫了後半生。活到如今，人生還不算完全明白，但好歹落個直白，能活得直白就不算白活。

熟識我的人都知道，我這人不喜虛偽矯情。「真」或許不美，但讓我自在。人心一旦自在，看什麼都美。我這人沒有傲人的學歷或什麼大學問，就只有一點努力活出生命經歷的勇氣。靠著這丁點莽撞愚魯的勇氣，讓我在生命過程中，透過各式各樣的行為去探索與了解自己，去觀察「生命」和「活著」是怎麼一回事。只是我天性駑鈍又不受教，只好任由自己在日子裡胡亂瞎搞，看在別人眼裡，一整個離經叛道。桀驁不馴的我，從來也不是一個溫良恭儉的人。這樣的我竟然走上了心靈之路，別說他人跌破眼鏡，連我自己的腦袋回想起來也彷彿夢境。

許多人問我：「到底你所說的『神』是誰？」我的答案是：「在你注意到外面的神之前，你就是神。當你找到了內在的神，你就能真實的創造你的世界。能創造世界的不就是神嗎？」這不是為了激勵你，更沒有討好你，不過這需要解釋。事實上「找到內在的神」這是我的親身經驗。這個答案很多類似的書籍都說過，因為祂千真萬確！不管你有沒有信仰，祂都又真又活的在你每一個細胞裡。祂並不總是安靜，祂經常會做點什麼，所以你要找祂也不難。

如果你曾經神來一筆的冒出個點子，雖不合邏輯卻極為管用……你曾經依直覺不按牌理出牌的行動，卻歪打正著……你忽然想到某個久未謀面的朋友，那人卻在五分鐘後打電話給你，或是你不久就聽聞到他的消息……你曾經無意識地說出或寫出一些連自己也無法用頭腦理解的話語……你曾經放空發呆，卻像夢境似地進入了一個語言無法描述的狀態……以上諸如此類的經驗，若你曾經有過，那你已經見識過祂。你不要老是「以為」只是巧合，所謂的「巧合」只是腦袋尋求合理解釋的說法，在宇宙當中，巧合與偶然從來是不存在的。

當你用頭腦百思不解找不到答案，就會明白我所說的那個神便是你自己……事實上，天地確實有神，那是「宇宙之心」，創造的原力。是這個神將自己化整為零地散布在每一個人的「神識」中，你也可以稱之為「靈魂」。每個「靈魂」都是一個具體而微的神，也都有創造的能力。每一個具體而微的靈魂都是一個宇宙——我們內在的「平行宇宙」。靈魂的創造乃是藉由平行宇宙投射到我們這「具象」的世界。

不是說「戲如人生」嗎？這千真萬確！你把人生想像成一部電影，你生命的經歷只是投到螢幕上的影像，你無法用「改變影像」去扭轉劇情，除非你改變放映機的內容，靈魂就是那個放映機。而當一個人意識到這一點，帶著這份覺察創造日子，他就可以是自己人生的導演。一部戲沒有誰比導演更清楚劇情脈絡和表現手法，可以說只有導演是清醒的。帶著「由內在改變」的覺察過日子的人，便可稱是覺醒的。

一點都不難不是嗎？原來我們以為，要像先賢聖哲一樣歷經千百萬億劫才能成就的，竟然只在當下一念之轉。我們一直想著要「改變人生」卻困難重重，有沒有可能，其實不過是提醒我們該轉彎向內走？「人有靈魂、內在有神」這一塊雖還未經「科學驗證」，卻是我們每一個人都能夠認同與接受的。因為即便是無神論者，也不能否認「精神力」的存在，而這些都是對同一股力量不同的稱呼，這個存在每一個人內在的神一直關注著你。

或許你要問：「如果我內在有神，那現在的『我』是誰？」正是這樣的大哉問，驅使人們走進心靈的世界……很多時候，正因為你不知道你是你，所以你才是現在的你。若是你真的知道何者於你為真，你就不是現在的你了……當你找到答案，那一份來自神性的力量就為你開啟，而你的生命也將和我一樣，開始完全不同的精采。那一份你本自存有的「神力」，將會帶領你去見識所有你腦袋無法想像的境界……

啟程冒險

我們要如何辨識內在神性的聲音，亦或是小我腦袋的呢喃？大師。

不要叫我大師！我還早！

你這樣的開場像是大師要開講似的！

我的開場還沒說完哩！祢這樣會打斷我的思緒。而且祢知道我並不喜歡那稱呼。

那我該如何稱呼你呢？大師！

事實上活在每個人內在的祢才是大師。不過我想，「如何分辨神性和小我」是每一個探索內在的人一定會問到的問題，畢竟如果我們已經知道內在有一個神是如此的大能與博愛，我們怎能不汲取祂浩瀚的能力來為我們改變生命、扭轉奇蹟呢？

我很樂意讓你們汲取能力，但不保證能扭轉奇蹟！

我知道扭轉奇蹟要靠自己，這是人類存在的目的之一，**我們每一個人都背負著扭轉生命奇蹟的任務，不論是為自己或是為他人。**

現在的你和過去不同，第一本書的出現是爲了你自己，現在是爲了眾人。有許多人都渴望生命中發生如你一般的「量子跳躍」。

類似於我這樣「量子跳躍」的故事其實很多很多，我只是其中運氣好的一個。

但是大家的運氣都沒那麼好，你讓大家等了很久……

很抱歉！這回真的讓大家等了很久，距離上一本已經四年。其實四年來斷斷續續的書寫過程並不順利，其中也讓我經歷了許多扎扎實實的痛楚。我一直在為這本書準備著，並知道所有的過程只為讓自己就緒好完成它。

你也「就緒」太久了，所以這一本你最好能夠談點特別的……我得爲讀者說說話！你不知道有人等到失眠一整年嗎？

我曾經嘗試著要把它完成，但我做不到！後來我「以為」，除非我充分經歷並體悟生命中所發生的點滴，祢不會再度臨在。有好長一段時間，我能有的只是頭腦的囈語，奇蹟彷彿已經離我遠去。但後來我明白，真正讓奇蹟消失的是「小我」。腦袋可以幻化出神聖的語言，欺騙我有所謂的「必須」要去經歷，但過程卻是：相信自己腦袋比相信神性多，少了神性的幫助，奇蹟當然不會出現。隨著日子繼續，書也只能拖著。

嗯，這部分我有參與。我是說，就算你拖著，我還是隨時都在……

感謝祢！雖然書拖著，日子繼續，我還是能分辨老天與腦袋的不同，腦袋出來的東西讓我不忍卒睹，所以我一直在等待「祢」的再次出現，再一次地對我說出驚人之語。但是祢沒有，一直沒有。或者應該說我感受不到。最後我終於知道，「等待」只是我的「以為」，如祢所說祢一直都在。

其實在這過程中，我沒有停止對你說話。你難道不覺奇怪，你究竟是哪裡來的靈感和持續力，讓你連續幾年在臉書上寫下那些讓人按讚轉貼的話語？那便是我的提醒和示現。

其實我有注意到。但當我確定這長久以來的「以為」竟是一場「誤會」，時間已經過了好久。我只能笑笑然後面對。謝謝祢再一次讓我知道，沒有「以為」這回事。當人們用腦袋決定要「自己來」的時候，神總會願意慈悲地撒手，將主權交還給我們，然後旁觀著我們的決定帶來的「結果」。我必須承認這「結果」並不可口。我經常內在終日惶惑不安，因為知道責任未了。我承認其實「等待與經歷」不過是我怠惰逃避的藉口。我一旦面對，就會有忙不完的人與事，我還待在舒適圈捨不得繼續前進。祢知道，每當有人問起我新書，都像是往我心坎上撞一下似的……

因爲心虛，所以那聲響的回音就更大對吧？

對對對，祢這比喻太貼切了！

現在時候到了！

所以祢踹了我一腳，把我從天堂拉回人間。

你根本就是個孩子，貪玩卻又離不開爸媽，玩到忘了回家，但是我永遠爲你留下一盞燈。你聽見有叫喚聲：「現在的生活是爲了讓你完成更重要的事情，我們開始吧！」

這讓我壓力沉重而且恐懼日增。我知道很多人渴望著跟祢說話，但我卻害怕於不能再拖延，我必須停止生活的常軌或訪客，進入一長段少言少食少睡，外人看來有點恍惚的狀態，沒日沒夜地寫著。然後那份對話不久就會變成讀者手上的書籍……

其實，這四年你雖有巨大轉變，但功課並沒有減少，反而是濃縮般地增加。生活的考驗雖然增加，但跟過去活在「心中無神、目中無人」的狀態下比起來，我相信你可以感受到當中的差異。

太大的差異了！而且我幾乎可以立馬看出通過考驗後的禮物。這四年來，小小的知名度為我帶來了訪客和露臉的機會，伴隨著他人投射和假設的光圈，如詩如畫的生活環境更使我心態上安逸了起來。我驚訝、滿足甚至帶著點自豪的，享有著這一切以往不曾想像過的生活變化。不過，在奇蹟裡待久了，感受和敏銳度就會在不知不覺中因習氣而減弱，就像魚不會知道自己在水裡一樣。

唉！順境使人耽溺，果然溫室種不出棟樑材。

不過幸虧我沒忘記自己的來時路，依舊對這一切滿懷感恩，不至於認為「理所當然」，所以我並不是溫室的花朵。因為在這段「奇蹟」般的日子裡，功課並沒有減少，不論是人際關係、情感面或是財務上，許多的艱辛都讓我必須咬牙度過，而我注意到，這些生活上的事件與經驗都與靈性有關。

孩子！不管你願不願意，生活裡的事件都不停地在搥打你們的心靈，生活才是實修的道場。也確實**只有透過生活事件的搥打，才能讓靈性的修煉扎實到位百鍊成鋼，不流於空靈虛幻，畢竟實際的經歷勝過千言萬語。所謂的「實修」不過如此。「人來世界終歸學習二件事，一是與周圍一切的關係，二是認識愛。」**

這句話太重要了！因為祢的關係，我在工作坊或演講中經常性的會有「神來之語」。但當這句話從我口中說出，連我自己也嚇了一跳。我以為，人來這世界，伴著因果各有任務，至於怎樣的因果與何種任務，自然人人不同，我也不會知道。這是我首次清楚的聽見人類生命的「任務」，那便是「圓滿關係」與「學習愛」。

要是我不能提醒你，以你誰都不鳥的個性，誰可以影響你？你又怎麼圓滿關係？

這確實是全世界每一個人都要面臨的課題，畢竟如果你不需要與這世界產生關係，任何問題都不會發生。它的重要性甚至超越了宗教和信仰、文化與頭腦。而很可惜，我們的學校教育著重在「外部」的「能力」，而非和諧內在與外界的關係。

如果你們在人間的「愛與關係」當中尚未修得明晰透徹，又要如何領受形而上的甚深微妙法？宇宙與人間一體，個人外在世界的彰顯便是內在的領悟程度。若要悟得無上眞理，唯有人間修煉。

當我自己正在經歷「關係與愛」的課題時，我深刻地明白，「你所教的正是你所該學的」那個學習的過程之痛啊！

要是你沒有深切地經歷那份痛，又要如何代替眾人感受與回答？神蹟的出現並不會讓人的課題輕省，有時甚至是加重。這份神蹟是基於一份偉大的願心所導致，只有偉大的靈魂敢於承擔眾人的痛苦。

我在這幾年當中，歷經了不只一次與金錢、與伴侶、與家人、與朋友的關係，還有我和我自己的關係。我必須說，所有生命中會出現的人事物都不是沒有原因，都帶有使命和意義，只是我們自己夠不夠智慧去領悟。

種種的關係鏈串成你們的人生，串起的那繩便是愛。如果沒有愛，對象不會出現，關係也不會建立，事件不會發生。但奇怪的是，你們竟然是如此地對諸多「關係」不滿、不解、疑惑、猶豫、猜忌，這情況發生在許多人身上，嚴重者甚至到了恨惡、懷疑自己和對方的程度。究竟這當中出了什麼問題？

在這一本書裡，我們將要討論幾個生命裡的重點：其中一個是「金錢」，你們活在這二元經濟結構裡，只要你是人，就無法過著沒有金錢的烏托邦生活。你們努力讀書取得好成績，在工作中奮發向上，滿心以爲可以獲得從小父母希望你們擁有的安定與快樂。但實際上卻仍有那樣多的人活在生存邊緣。有些人認爲，那是與政治相關的大環境所導致，但實際上，政府並不需要爲你的人生負責。即使在最艱難的環境中也有成功的出口，你們不能夠總是期待政府爲你們美好的生活背書。

書店裡教導致富理財的書籍汗牛充棟，爲何眞正從當中受益並且富裕的人那樣少？你會發覺，原來創造金錢和圓滿關係，不能單從金錢與關係上著手，你們需要更內在靈性的力量。因著這力量，你會找到創造與圓滿的方法。那是創造一切、改變一切的原力。那力量會讓你的人生走向一個完全顚覆你以往認知和以爲的境地，遠超過你想像的美好。

有些人可以從宗教活動裡得到人生美好的感受，我認爲那是極棒的過程。之所以說是「過程」，是因爲宗教並不是生命的全部，也無法完整全面的提供生命的解答。你過去曾經有過一些參與宗教的經驗，現在卻明白，唯有信仰才是主要的動力來源。「神」這個字容易讓人直接聯想到「宗教」，但神的存在與宗教無關。排斥宗教或對某些宗教排斥的人，甚至會因爲「神」字而自動過濾或是在心中給你貼上某種標籤。你們當明白，**所謂的神其實是「內在的性靈之神」，是人人具備的神志、神智與神識，與宗教的神無關**。雖然宗教裡也有諸多對靈性提升的指導，對一個有著正常心智的人來說，那些觀念是哲學，是諸多靈性教導之一，不是對宗教偶像的崇拜或是儀軌的依循。

我的奇蹟經驗讓我體認到，奇蹟不是宗教的專利，而宗教也不是這世界或是所有靈性的救贖。人們真正應該認識與崇拜的，是自己內在的「性靈之神」。真正帶來奇蹟的是祢，能夠讓人了悟而超越生死河的也是祢。祢不是端坐廟堂的那尊偶像或是某種圖騰。人們感受到的那份「神力」，不過是自己原本具有，只是投射給「祂」，讓「祂」反射到你身上讓所求靈驗。**其實力量一直都在自己身上，我們只是不相信罷了！**這樣的信念會強化人們的「自信心」。而那才是開創人生最有力的支點。

很遺憾！你們一直把這份力量送出，而失去自我的價值。求財、求福、求壽，卻不求自性的揚升、性靈的飛躍，只在人間名利海中浮沉，甚至活得茫然渾噩。

談到「工作」，爲何許多人工作中都不快樂？都「做一行怨一行」？其實不是工作使他們不快樂。讓他們不快樂的是自己的心。心不對，做什麼都不對，就像態度不對的情人，換幾個伴侶都不會長久。許多人的工作是爲了「生活」，那是好聽的說法，說直接點就叫「生存」。不是因爲他愛做，他是爲了薪水不得不做。想知道你是不是愛你的工作，你只要問自己：「若中了樂透，還會繼續做嗎？」答案若是否定的，你已經知道你對眼下的工作一點都不愛。

你們花了大多數的時間在賺錢，忙到昏天黑地，忙到不能陪伴子女，忙到父母要送安養院，忙到讓老婆一人進產房，忙到讓孩子過沒有父母的童年……你們最初努力工作是想增添生命的價值——那一份讓你快樂的「自我肯定」以及「財富豐盛」，最後卻往往兩頭空。物質豐盛了，心靈卻空洞了，買到房子失去了家，娶到老婆卻失去婚姻……很多時候你以爲你贏了，其實你輸掉的更多。

你們不妨自問，如果人活著就只爲了賺錢塡飽肚子、滿足生活所需，那跟動物有何兩樣？爲了塡飽肚子過生活，那並不是「眞正的生活」，你只是在做滿足「身體的需要與期待」的相關工作。「眞正的生活」是有愛的！是愉悅的！是有美感的！是可以從容不迫的！是自在而眞誠不虛僞的……你可能覺得我過度形容了，但那才是眞正「人類」的「生活」。

你可能覺得上述的形容離你太遙遠，那是因爲你從來沒有這樣想過。你不敢想！因著對現狀的「習氣」和對未來的「恐懼」——那一份怕活不下去的恐懼。你可能會說：「我們都得上班賺錢，你形容的狀態並不常出現在人類的職場上，工作可是很難有美感的，打卡是很難愉悅的，同事很難眞誠的。但不上班怎麼有錢？沒有錢怎麼過日子……」又來了！那該死的循環又開始了！請從「恐懼」開始打住吧！人的正常功能是「生活」，從來不是「生存」。此二者順序顚倒是很多人痛苦的眞正原因。

「不怕」活不好，才能活得好！關鍵字是「不怕」。尤其是別被錢困住，先去過你「想要的日子」，然後再從中找到生存之道。你眞正「想要的日子」可能和錢多錢少沒啥關係……最後，做好心裡準備「接受」一切可能的發生，用成熟與負責的心態面對你選擇之後出現的一切可能。不管出現的是被你稱作好或是壞，你都正在創造生命的精采，而且是「自由決定」的創造，不是「被生活或老闆逼的」。

你這輩子要做的許多事，表面上看來或許與「各種你想要的資源」有關，其實窒礙著你的是「恐懼」與「匱乏」，這二者與你自己和你周圍的關係出了問題。自己與關係鏈的衝突矛盾，完全是因爲對「內在心靈世界的不了解」和「外在人事物的不透徹」而產生。在這諸多的「相對性」中，以「對自己不了解」爲主要矛盾。

「外在是內在的投射，內在受外在所反射」，內外在其實是一致而沒有矛盾的。如果矛盾產生，我們往往認定是外在出了問題，很少有人事事反觀自己的內在。但所有的問題其實都可往內找到原因與解答。當你照鏡子發現臉上髒污，你不會擦鏡子，而是擦臉。如同鏡中的世界，

「靈魂即是平行宇宙」——這是宇宙間最真實卻也是最難以被頭腦所理解的設計。

雖然祢試圖畫出範圍，但我已經可以想見這本書的內容將會多麼精采！圍繞在我們身邊的一切人事物，形成龐大複雜的「關係鏈」，也形成我們生活裡諸多問題與困擾的來源，我們最大的困擾不是擺脫不掉這些關係鏈，而是如何在這複雜的人事物關係鏈中與自己取得平衡，讓內外在的衝突減少。

要如何在這複雜的人事物關係鏈中調和平衡，取得人人都能享有的諸般美好？我完全相信，如果人人都能獲得美好，這世界將不再有爭端與煩惱。爭端與煩惱出現，表示哪裡出了錯。人只要夠成熟到一定的程度，往往最後都會承認那出錯的其實都是自己，除非你一直欺瞞自己，用不負責任和不面對的態度活在受害者情節裡。

當一個人進入深度的內觀，獲得完全的自我了解與接納，那麼與周圍關係鏈的矛盾衝突就會減少。當矛盾衝突減少了，煩惱就減少，煩惱減少自然心境澄明，心境澄明則能如明鏡般映照萬事萬物，於是事理明晰人情練達，真正明白了「如何做好自己」。當「做好自己」被具體落實，你有沒有宗教信仰、是不是個好人、有沒有學歷和地位、有沒有金錢和名望，通通不重要了。人之所欲也不需要強求了，自然順隨，相應者自會近悅遠來，因自然無求而能精準無誤的洞悉時勢，乃至順勢、造勢，成就人生的機會，自然俯拾即是。

所以各位讀者：請大膽地去發現自己，大膽地承認、大膽地來一場人生的冒險吧！我們都渴望人生美好。創造生命美好的第一步，是要心生美好。當你心生美好，也將美好的心投射於外，便能創建外在眞實的幸福。

本書將在輕鬆的對話中闡述「心想事成」的因由、過程、機轉與顯化。在你閱讀之前，首先需要的是「放下」心中對內容的預設或預期，直到你閱畢爲止。畢竟我們才剛開始不是嗎？當我們帶著主觀和預期看待事物，那最多也只能得到如你所預期的……因爲**你只會得到你所「相信」的而非你「想要」的**。

人生槓桿

我深深地「相信」這本書將會超越許多人的預期！讓各位久等了！但在開始之前，我必須先承認一件事：我對於再度開始這次的對話感到恐懼。當然這不能當做延遲的藉口，但它是真實的原因。我害怕，很怕！好多次我幾乎是用逃避的態度在面對這個工作。

你說過了，所以我不會問你怕什麼，而且我一直很清楚你在做什麼、用什麼態度過生活。我更清楚你恐懼的來源和這力量會爲你帶來什麼。

✧無懼的關鍵

這本書已經許久未完成，但我卻又似乎還有更多需要突破的，我內在一直認為，在我突破之前我無法完成第三本，我「必須」親身經歷「某些事」的洗練……

那只是你的「以爲」。除了恐懼，其實你只是偷懶。懶病沒藥醫，越懶只會越讓你越怕，這是每一個對責任逃避、對工作拖延的人共有的宿命。要是「工作」使你心煩意亂，那解開心煩意亂的也會是「工作」。除非你完成責任，否則那石頭只會更重。

你一直以爲你還沒準備好，事實上是你早已經準備好，只是你自己卻不知道。當你告訴我「我願意」時，你的任何狀態都可以啓動這份「意願」的。只是許多人和你一樣，被頭腦的欺騙障蔽著，用腦袋爲自己設下了路障，也白耽擱了時間。直到現在，你終於眞正的願意放下頭腦的驕傲與制約，迎接那來自心神的靈語。

祢不能拿走我的恐懼嗎？

不能！恐怕我就是你的恐懼之源。恐懼是分裂的雙生子，任何時候你「以爲」你不是我，任何時候你「以爲」你遠離我，任何時候你「以爲」我會遺棄你，恐懼就會出現。那是一種非神的狀態。

這個「以為」讓我虛耗了四年……

沒有虛耗的事，沒有任何事情會白費！這四年來你精進了不少！事實上，每一天的日子都是可以讓靈命提升的機會。有些人留心，有些人則是渾然不覺。

謝謝祢！但願我能不虛耗。我最重要的問題是：我要如何才能一無所懼？像祢一樣。

你可以訓練或假裝自己一無所懼嗎？

可以，但我知道那不是真的。

你認爲什麼才是眞的？

發自內在，不須理由，本來如是，永恆不變的……

哪種「本來」的狀態？

是！那被稱之為「神」的狀態。

很抱歉！我做不到。我無法使你們到達那你們「本來」就在的地方。我無法使你們成爲你們「本來」就是的狀態。你們總說神是萬能的，但祂不能否認他自己的「是」。在這一點上，神有其極限。

慢著！祢是說，如果祢做得到這點……我是說如果祢幫我們「拿走恐懼」，祢就正在否認祢自己？

沒錯！恐懼是個不存在的東西，它只是一種意識上的假象，就像是人類自認與大自然分開只是一種意識上的假象一樣。任何一個體悟到自己與大自然本來「合一」的人，都將不再恐懼。生死如一。

是啊！生死也都是自然的事，如果連對生死都一無所懼，那生命中也沒有什麼好害怕的了。

答案已經呼之欲出，眞正讓人可以一無所懼的答案就是「原諒自己」，一個無法原諒自己的人雖生猶死。原諒自己意味著看出生命本質的虛幻，以及在生死戲碼當中的任何謬誤、荒唐、羅生門都是浪來浪去的泡影，不只來去成空，就連當下的彈指瞬間都杳不可尋。

生命流轉的施與受間，沒有什麼使你無法原諒，也沒有誰是眞正的加害人。一切都是認知與意識的造作。看清這一點，就會明白，自己與他人乃至周遭眾生，都是在同一個平面下有著相同的冀求。當你願意把他人所冀求的給出去，你學會了付出和分享；當你能夠把這份冀求給自己，你就學會寬恕和原諒。你們不都是希望被了解和寬恕嗎？只有你能給你自己。我不定你們的罪，你們也不應當如此定自己的罪。

當你將這份冀求滿足更多人，你便學會了接納與放下。當你能夠一直這麼做，你會將忠誠、信實、寬恕、感恩、慈悲、負責、踏實背在背上，而如此地行走世間，將使你一無所懼，因爲沒有什麼能傷害你、阻擋你。不是因爲你刀槍不入，而是，誰會願意傷害一個有這些特質的人呢？有著這些特質的人是無法被加害的，因爲神總是站在他這一邊。當任何一個人願意去探索生命的起源和本質，曉知生命出現和存在的意義，透徹了解自身的來去和當下的力量，這樣的人就是有力之人。他將一無所懼，所行之事都因爲無懼而順遂。

祢說得太深了！我只知道我們都被恐懼捆綁……到底這樣的日子要到幾時？要如何才能真正自在的過自己想要的日子？對不起！我看見許多人被外在的「現實」綁架，成天擔驚受怕，怕工作沒完成、怕找不到對象、怕錢賺得不夠、怕被人比下去、怕生病、怕老、怕死……然後因著恐懼而衍生的各種人間戲碼就輪番上陣，構成了「生之苦」的實相。

這裡面有好幾個層面的問題，我們先從外部慢慢抽絲剝繭吧！你問：「這樣恐懼的日子要到幾時？」關於恐懼，不是我來拿走，而是你們必須醒來。對一個內在已經覺醒的人來說，徹底地認知到生命大戲的幻象，完全知曉恐懼根本是幻境中嚇唬人的道具。想像你走進遊樂場裡的「恐怖鬼屋」，你會看見許多嚇人的東西，但是你知道那些只是安排好要用來嚇人的東西，清楚背後目的的你，即便受驚嚇也不會太久。只有精神錯亂的人才會把那「恐怖鬼屋」當眞、把裡面的道具當眞。甚至在走出恐怖鬼屋之後，還帶著那份懼怕玩下一個遊戲。

所以我們真的都是精神錯亂！

要透過一個精神錯亂的世界讓人從精神錯亂中醒來，是不可能的！除非有那麼一個神奇的時刻，他忽然意識到全像式的觀點，體認到外在的一切都只是內在平行宇宙的呈現，這呈現當然也包括恐懼。一個人越「想」逃離恐懼，就會越容易「吸引」讓他害怕的。內在的宇宙已經如此眞實地創造，於是便會在外在——你們的實體世界投射出來，於是對你們來說就是「成眞」。恐懼乃至一切外境的發生，都不是來自於外界「主動」如何，而是受到你們的召喚，有人稱之爲「吸引」——透過不斷重複的意識以及深度的相信。

對許多人來說這是不可能的，誰真的相信這說法，誰才真的精神錯亂！

是嗎？那也許對於精神錯亂的定義要看是在怎樣的基礎上。若是站在「頭腦」的角度，任何相信「神性」的奇蹟與相關說法才是精神錯亂。即便是對你們的物理學家，若告訴他平行宇宙不在外太空而在「內太空」，他也會精神錯亂。

多數人都活在被外在世界操控命運或是心思的狀態。要是「內太空」就是答案所在，為何聰明的人類會不知道？我注意到**這世界最長久的戰爭不是國與國，而是頭腦與心靈的戰爭。**

耶穌不是說：「我不是帶來和平，乃是帶來爭戰。」祂正是這個意思。祂試圖要帶領世人走入心靈而世人誤解了祂。你們一路上誤解許多偉大的老師，甚至殺了他們。不過這事必須要發生，爲的是使你們終於能看清內在的力量。他們沒有一個不是帶著強大的內在力量前來，正如同你們。

但是我們都不懂……

你們不是不懂，你們只是更依賴你們的小腦袋，自以爲是。連你們對內在力量的「懂」都是用自以爲是的腦袋掰出來的，不然你們不會只是偶爾無意識的使用內在的力量，而是會有系統、有效率的與我合作去創建你們的人生。你們每天呼喊著要豐盛、喜悅、自由的人生，上教堂祈禱、進廟裡燒香，都帶著對人生諸多深深地盼望；但是當我告訴你們，眞正的力量就在你們自己身上，眞正的寶石就掛在你胸前，眞實的我就住在你心裡，你們願意開始「接納」自己嗎？你們眞的會去活出自己嗎？我在第一本就對你們說過，任何外界的偶像或神祇，都只是你們內在眞實力量的外在投射，力量在你，奇蹟在你。你們卻把力量交出去，還奇怪「祂」爲何不靈驗？

我想，我們把這力量交出去創造出來的「神」，也確實真的產生一些奇蹟，不過很少有人願意真的相信，那奇蹟其實是自己創造的，跟那神像一點關係都沒有。大多數的人還是寧可選擇相信，是聖壇上的「神」在實現願望、在進行賞罰。

對神性來說沒有奇蹟。長久以來，人造的神才有辦法讓人接納信服，這是無知的特質之一。對你們內在眞實的神性來說，一切的奇蹟都不神。當你認識自己內在一點光明的神性，對外界許多的困頓、問題就能夠一眼看穿癥結，迎刃而解。拿你剛剛問的「如何才能過自己想過的日子」，神性的回答肯定和腦袋不一樣。

神性的回答怎樣？

多半會有這問題的都是先「假設」這樣的人生「必須」建立在「麵包無虞」的狀況下。請恕我直言：那是不可能的！我並不是說「麵包無虞」的日子不可能，而是你已經先抱持著有「匱乏」可能性的觀念並對之恐懼，如何能讓這份匱乏不顯現呢？這樣情況下的理想終歸變幻想。我知道，當你口袋只剩五十塊錢時，要沒有匱乏想法是不容易的，但那是做得到的！

是啊！只要你窮得夠久，我保證你有很多練習的機會。

比起剩下五十塊更嚴重的事情是：是什麼造成你只剩下五十塊？外在環境可能有點影響，但真正影響你最深的卻是「恐懼」！是恐懼花光了你的錢，又讓你害怕眞正有錢……最深的怕是怕活不下去！諷刺的是，你越怕只會越活不下去！因爲你不會遠離你害怕的，你只會吸引你恐懼的，比起人類的各種幻想，恐懼是點播率最高的曲子。

所以我們確實可以透過「假裝」來讓自己不再害怕？

不能！是透過假裝來讓自己面對害怕，找到勇氣的力量。恐懼的幻象除非你去面對，否則沒有解決之道！勇氣並不是不害怕，而是儘管害怕，仍然勇於面對。相信我，恐懼試圖在教你一些東西。你學會了，就是懂得利用「恐懼的幻象」而不被它掌控了。

那「無懼」之後呢？

無懼的人沒有活不下去的問題，他總是能適時地於外在發現生存的空間，並且隨遇而安。他會說：「先去過你想過的日子，再從中謀得求生之道。」無懼的人會勇於承擔決定後的責任。而老一輩多半會告訴你：「先找到生存無虞之道，然後你才可以過你想要的日子。」他們基於愛，總是設法減輕你們的負擔和責任，用限制圍堵的方法給予規範，而教出一群「圈圈裡聽話的乖寶寶」，結果就是每個人都只是生產線上一模一樣的「產品」！

現在你已經知道這是出自於「恐懼」所帶來的價值觀。宇宙的道路正好相反，正因爲你「鼓起勇氣」追尋「眞正的自己」和「眞正的價值」，你在心中早已勾勒出這個生活的畫面無數次。因著你的勇氣，因著你的心象，上天必要爲你實現，而你必會獲勝。當然，上天之所以站在你這邊，很大原因是因爲你的眞、善、美。是這份眞實的美善，使你與天地同頻而能心想事成。

所以成天啥都不幹，光「觀想」真善美、光與愛以及自己的夢想，就可以了嗎？

觀想有助於你內在平行宇宙的創造使之成形，但要讓這份成形的畫面眞正投射於外境成爲「眞實」，光靠觀想是不夠的，你必須做點什麼。我唯一可以保證的是，因爲你內在已經形成

「清晰的畫面」，當你在行動時，必定可以發揮槓桿作用，讓你事半功倍。

我相信這世界沒有不勞而獲的事，但是可以事半功倍。

沒錯！所以我才說，神和人是合作的夥伴。神若沒有人，神也不神；人若沒有神，人也不是人。

所以「祢就是我」、「我就是祢」？新時代說「你就是神」就這意思？

就這意思！不只新時代，所有你們已知的宗教，最早都是這樣傳遞，連佛陀都說「眾生皆能成佛」。只是弟子爲了要將信眾「組織」起來而必須形成「宗教」，一旦變成了宗教，必有神職與事工。然後就需要有人奉獻供養這些「神職人員」，對他們來說，要讓大家頂禮膜拜掏錢供養，最好的辦法就是「高推聖境」，使眾人對神佛境界仰之彌高心生敬畏。於是，這樣被高推的聖境在千百年來，透過「經典」、「說法」的強力灌輸下，人們相信了！你們開始掏錢讓他們作爲傳話人，甚至是代言人，卻一點都不知道，其實自己內在就有著讓人欽羨的能力。

好吧！你們或許知道自己也能成佛，但卻不知道方法，而他們宣稱他們清楚成佛之道，只要你願意參拜供養，就能提供那條成佛的指引之路。孩子們！你們都知道成佛的方法，你們內在的神性會告訴你，佛陀當年不也是這樣成就的嗎？祂在菩提樹下跟誰對話了？讀了什麼經典了？上過什麼工作坊？

據經典描述，完全沒有！但是祂最後還是成就了開悟，被認證為「佛陀」。

你認爲他憑什麼被認證爲佛陀？

我不知道，但憑的應該不是什麼外在的東西吧!?

有誰夠資格認證祂呢？

祂自己「自證」對吧？

祂需要你們現在流行的「認證執照」嗎？

不需要。「開悟認證」或是「覺醒認證」都讓我感到好笑！

是的！綜合以上，你們要知道，神性存在於每個人心中，與你的知識高低無關。任何人只要能夠安靜下來，心意眞摯，都可以和心神溝通。

我想如果真是這樣，宗教應該沒有存在的必要。

宗教的出現是爲了滿足小我人性上的需求。它的功能是讓一些生命計畫裡需要被制約的人有個被規範的機會，但不一定會是心靈的救贖，宗教不能提供救贖，救贖要靠自己。宗教對這個說法不能接受，要是讓人們知道自己就可以和神說話、和神合作創造，甚至知曉沒有救贖這回事，那必定會對宗教組織形成嚴重的生存威脅。於是他們告訴你，「必須」要透過他們來和神溝通，而你「必須」要做奉獻。其實神需要鈔票嗎？神需要你的「必須」嗎？都是人的意志在主導。只是以神之名！

原來如此！祢雖然被人高舉崇拜，但也背了不少黑鍋。宗教的洗禮已經幾千年，一時要改變大家的觀念恐怕不容易。

世人的觀念和宗教都是會在時間的洪流下改變的，這宇宙從不穩定，所有的一切都在變動中。因爲宇宙以你們爲中心，你們的思想心念帶動宇宙改變。

如果人們連理解這點都難，那這份改變更會困難重重！

如果你可以告訴自己「很難」，你也可以告訴自己「簡單」。難易都是心中的設定，一般說來，「你心中如何設定，外界就如何反應」。如果你很清楚這一點，你會怎樣設定你內在的信念？

我當然會設定有利有益的信念，問題是若我連這點都不信，這信念根本無從發起！

相信吧！孩子！相信比不相信快樂，**當你們遇到難以抉擇的信念時，總是選擇讓你快樂的信念，是不會錯的**。只是你們似乎更習慣讓自己不快樂，因而不想相信的便多了。讓我舉個例子：你相信「槓桿原理」嗎？你們許多人一生中不停地在找尋自己的天命或是興趣，不斷地在追尋金錢、權力、地位、名氣。其實，你們真正要找的只是「人生的槓桿原理」。

✧開啟生命的槓桿

人生的槓桿原理？

是的！用更少的出力獲得更大的效益。我問你，股市的獲利和虧損爲何快速到轉瞬之間？只因爲「很多錢」是做不到這點的。答案是「財務槓桿」。股市是人類發明出來最具有威力的無形槓桿。它可以使人一夜致富，也可以一夕赤貧。你們有不少人投資股市，卻不清楚股市獲利的原因不是因爲「股票」，而是槓桿。「股票」只是你可以選擇的「桿子」，而你手上的鈔票則是「支點」。

不明白祢為何提到股市？

我是爲了舉例，對許多人來說，他們生命中所求的都可以、也應該被滿足。但卻因爲理不清自己眞正要的，也就容易跑錯方向。一旦方向錯誤，要再回頭就得花上許多歲月。這是許多人虛耗人生的原因。正如同一個想一夜致富的人跑去玩股票，最後卻下場悽慘。不是股市錯了，而是他並不清楚很多事情。他如果清楚股市其實只是個金錢的槓桿遊戲，他會去分析什麼是「股市槓桿原理」，然後找出自己的支點。很有可能一番分析後，他會明白他並不具備在股市獲利的「支點」，雖然我知道很多的金融操作法鼓勵你在不具備條件下投入股市。

祢的意思是，我們應該先找出「人生的支點」？好進行「槓桿操作」，去取得我們想要的豐盛人生？

正是！最讓人困惑的就是「人生的支點」，這個支點無法在外面找尋，甚至不能有人給你，也不會有人販賣。有許多人活得像行屍走肉，每天生活只是爲了混一口飯吃，連走路的形氣都像一攤爛泥，無法抬頭挺胸生氣勃勃。這樣的人只要找到了「人生的支點」，照樣可以闖出一番令人驚異的歷程。

祢讓我很好奇這個支點要怎麼獲得？但我也看見有人一出生就位在優良的支點上，有人努力後也取得很棒的支點，最後卻失敗了。

支點只是一個基礎，就像是一塊建地；桿子則是資源，就像是建材。至於後面會失敗，不是支點或桿子的問題，而是施力點「偏了」。蓋歪的樓是不能住人的，更別說拿來賣錢，於是生命的價值就銳減了。任何「幸運的精子」如果不能在施力的時候注意，人生最後難免失利。就算阿基米德可以用支點和一根夠長的桿子撐起地球，施力點不恰當，也是會「凸鎚」的。我們的對話結束前，你們就會明白「支點」是什麼，以及要如何創造它。

記住！你們要的任何一切都可以在這支點上去支取，這個「方向」才是恰當的，剩下的就是方法的問題。不過，只要方向對，方法向來是很容易導正的。

看來我們不久會再談到「支點」。我想繼續剛剛未完的話題。我們似乎離題了！

並沒有！我的議題總是互有關聯。你想著的是，人們的快樂和心境很容易受到恐懼擔憂的影響。就是這個「支點」，使你們失去了快樂，受到恐懼擔憂的制約。是的！所謂「支點」，就是你們所相信的「信念」或「價值觀」，而「能力」則是你的「桿子」。

我有時候可以擁有如祢所說的那樣的「支點」，有時候則不。甚至我也不確定祢說的那個「支點」是否總是存在。祢知道，事與願違還是經常發生……

如果你不能停止害怕或是無限上綱的負面思維，那麼就懷著恐懼與擔憂繼續前進吧！你們會在擔憂與恐懼當中驗證我說的。你如果沒有「豁出去」的勇氣，上天爲什麼要讓你獲得你想要的？或「你以爲」你應得的？輕易得到的都不會被珍惜，我很清楚這一點。

沒有失敗的成功只是僥倖，難以長久。沒有勇氣的成就卻聞所未聞！如果你眞有什麼讓你快樂的夢想，不妨問自己：「關於這件與我切身有關、如此渴望的事，我做了什麼？我是否願意和神合作使它成眞？」而不是單單用頭腦問：「我該怎麼做……」重點是去做，就算錯了、偏了、失敗了，好歹你擴大了你的知見與舒適圈、增長了你的可能性與再度出發的信心。最大的失敗是你連行動都沒有。支點和桿子管不管用，你總得親自實驗一番，光用腦袋幻想和推理是永遠不會成眞的！

但我們早就都習慣於這樣使用頭腦啊！先透徹認真地想過、規畫過，然後才執行。

是的！但那並不是不能改變的。我不是要你們不要用腦，只是我想提醒你們，不用腦袋的日子會輕省得多。你知道當你總是問「How?」、「What?」、「When?」、「Where?」、「Who?」、「Why?」你們就進入了「頭腦模式」。頭腦模式沒有不對或不好，雖然經常容易帶來一些麻煩，但在你們的環境，還是會需要用到腦袋。動物也有腦，但他們「用心」的機會更多，牠們的腦袋只用來處理很簡單的事情。

你們都以為「用心」即是更深入專注的「用腦」。不，不是這樣的。古代沒有「靈魂」這詞，用「心」這字來取代。所謂的「用心」指的便是「運用心中的神識」也就是「靈魂」。所謂「用心」指的是你的「心識」，同時還需要「放掉頭腦」。這麼說不是否定腦袋的功能，只是，腦袋的世界裡找不到問題的出口，於是另闢蹊徑直接從根本下手——「忘掉腦袋」，直接「用神識」。

那我們的腦袋實在不需要那麼大，跟爬蟲類一樣就夠用了！

不！人類的腦袋會是這個樣子「並不是」演化而來的，這裡面有奇妙的跳躍式安排，事實上人類的頭腦裡就有一整個宇宙！你們到目前為止所了解的「頭腦」，只達物理層面，若不搭配「神識」的力量，心靈科技將不可能成眞，人類科技的突破還要再慢上一陣子。

在這個處處要理智、理想、規畫、紀律、分類、分析、計算的世界裡，你不用腦袋怎麼可能生活？另外，即便是爬蟲類的腦袋，也有超乎人類已知的功能存在，你們探索其他生物的能力永遠大過探索自己。靈魂和腦是要並用的，如果你只用腦袋，卻忘了用「心」——那個「靈魂」或「神識」——那你肯定也活得不精采。

這世界很多事情，五官可感知的、邏輯可分析的、經驗可判斷的、知識可涵蓋的，你都可以用腦袋。超出了這些，例如：愛情、緣分、命運、生死、因果、靈魂、神……你的腦袋就變成一無是處的漿糊。少了這些腦袋無法打理的課題，你的創意就會流於匠氣般的粗俗，你的人生就會變得僵硬死板，你的人脈就無法變成資源。因爲腦袋只是物質與機械，心才是「人」的主宰，不是說「人者，心之器」嗎？「共同運用」心與腦，你才能創造精采的生命歷程。「超然凌駕」心與腦，你才能瞥見宇宙創造的大能。

✧心術合一

我學習到做事是「術」，做人是「心」。當有招有術的「專業」變成了人人皆有的普世能力，那無招無術的「用心」就會變成珍貴而稀有的價值。但很多人活在「頭腦模式」操控著「術」而自己不知道，甚至當有機會一瞥靈性時，卻搞不清楚頭腦與心靈的差異，於是讓頭腦撞牆打結或讓思緒陷入迴圈。我們在泥沼中成了生命的受害者，到底該如何走出這樣的困境？

你無法消除來自外在導致你痛苦的原因，因爲人世無常，消除這個問題，另一個仍會出現。面對諸多無常變化，你只能學著去面對與接受，然後從中找出對自己有幫助的解釋。否則，你只是不斷重複受害者情節罷了！而受害者終將持續受害，直到他看清楚所有的傷害都只是「自己貼上的標籤和頭腦的解釋」。認清這一點，將不再有需要被療癒者；不認識這一點，再多的療癒行爲與課程諮商，效果都有限。

「術」可以讓你止痛，但「心」的醒悟，你將可以一勞永逸。心與術偏廢一方都是失衡，不論你要的是豐盛的生命或是覺醒的靈命，你都需要這二者。心、術的分離是「天人分裂」與「頭腦解離」的開始。

在跟萬物合一溝通之前，是否該要心術合一？

否則，你能想像一個連跟自己內部都溝通不良的人能順利解讀狗狗或仙人掌的心思？

我懂了！

當眞正的心術合一出現，你要不是可以眞正地去「接受」一切的因果發生，要不就是可以按照自己的意願去扭轉因果。要檢視一個人是否眞正處於合一狀態，不是看他跟哪尊神佛連結，也不是跟貓狗、植物、礦物的對話，而是可以透過觀察其周遭一切的變化得知。當一個人眞正的處於合一狀態，他沒有謊言、沒有恐懼、沒有做作虛假；在他眼中，所有來到生命裡的一切沒有好壞分別，都是接納與感恩；所有發生的過程，最後都會讓他發現美好並帶有領悟意義的結果。你們不要去論斷、評判、分別一個人是否合一，唯一需要關注的是自己的心。

關於去除恐懼，祢還有什麼要提醒的嗎？

面對！行動！面對！行動！讓這二者的迴圈形成習慣。你的能力會在過程中增強，你的意識會在經驗中擴大。有一天你將會一無所懼！

祢好像沒有提供中間選項？例如：嘗試？

不！我不會用嘗試，因爲嘗試有鬆散隨便的意思。對於恐懼，你要嘛「面對」，要嘛「逃避」。「嘗試」有著拖延和不想立即面對的意思。當你拿掉「嘗試」的選項，如果不是放手不做，不然就是驚天動地地幹。半調子早晚會壞事，卻是壞在自己手上。

你們怕的事情很多，但沒有一樣大過害怕本身，於是「嘗試」就變成了緩兵之計。拿結婚來說吧！從沒聽過有人這麼求婚：「親愛的我們來結個婚嘗試一下吧！」你可以想像這種承諾有多脆弱，甚至是感受不到愛的。拿掉「嘗試」意味著沒有退路，不是外在的事情不允許失敗，而是對自己內在的承諾不允許打折扣。這才是眞正「對自己負責」，一個能夠對自己負責的人，才能夠承擔「愛」的重量。

祢總是那麼認眞嗎？我是說，祢對某些議題還挺嚴肅的，一點彈性都沒有！

我才不嚴肅，我只是讓你們知道該對什麼嚴肅，這個嚴肅最後是爲了要讓你們獲得輕鬆。你們想要輕鬆的人生，卻不想爲自己負責，就像所有人都想上天堂卻沒人想死。爲自己負責的基礎就在於履行對自己的承諾，而不總是輕易地、隨便地放棄。「彈性」是你們本來具有的能力，你們應該要在任何時候保持彈性，不管是作法或是態度。只要這份彈性不要變成不面對的理由和藉口。對一個眞正自我負責的人來說，他清楚在某個底限之上一定要有彈性，而面對最眞實的自己時必須老老實實，如果他想這一生明明白白，可不允許用「彈性」作爲藉口放縱自己。

但是總有無法進行下去的時候，若用祢的標準，當事與願違，難道不會讓人自責到看不起自己？

只有你自己知道自己是否盡力，關於對自己的承諾，論的是「心」有沒有到位，心若有到位，力量、行動甚至是資源也會自然到位。若是心與力都到位了，卻無法進行或是失敗，只要問心無愧，也是值得驕傲的失敗。自責其實是一種逃避更大指責的防衛機制，我說過，自責與懺悔無關，而懺悔也無法提供修正的動力。略過自責直接修正，你在心中會因此少了許多積囤的負面情緒。能量不被浪費，才好進行更多的運用，自我苛責帶來的低自我評價，往往消耗人最多的能量。

據我所知，許多人對於責任的承擔抱持逃避的態度，就連面對最真的自己都閃閃躲躲。說穿了其實深受「恐懼」的制約啊！

如果你們對於始終受到「恐懼幻象」的制約感到習慣而無所謂，那生命裡的諸般苦，就會是後面的連鎖反應。一旦化解了恐懼的幻象，你們都可以少走許多迂迴道路，這可以說是「靈性的高鐵票」。無知和無明捆綁著你們的意識讓進度延緩，一個人有透徹的真知和了解就不會有恐懼。當你透徹了解的當下，恐懼的幻象就滅了。

但我們隨著日子的延續，會衍生更多的恐懼，有許多人就在這不間斷的恐懼中過日子。祢告訴我們不要恐懼才能找到神，但恐懼像是自動程式一樣的執行，如果無法終止這自動程式，我們都會被恐懼淹沒。

要終止恐懼，首先得先認出：眼前你們這個世界都不是眞實的。只有清楚地了解這個眞相，恐懼的幻象才會終止。

✧創造出的真實

那什麼才是真實的？

我無法「告訴」你什麼才是眞實的。你必須親身經歷那超越語言能描述的。但我能說的是：先知道這世界是不眞的、先透徹體悟這世界是不眞的，這是探索「眞相」的第一步。這世界只是讓你們生長與投射的「練習場域」。你願意「相信」這世界其實並不眞實嗎？你們在這點上的「相信」遠比它是否「眞實」重要。

祢的意思是要我們對這世界的真實「不相信」？我覺得很多人光要他認同「世界不真」這

一點就很難了！畢竟這世界有這麼多「真實的問題」折磨著不同的人……

這世界不是眞的，從來都不是！你知道「凡眞實的不受任何威脅，凡不眞實的根本就不存在」，在「奇蹟課程」提到這句話以前，許多人對眞實的定義還被維繫在物質層面，然而物質會消失，都會在時間的推遷之下湮滅，世間所有的一切都在生滅的變動當中。

若論到這個世界讓你們可感到的虛假，你應該去看看政治和媒體的生態，哪怕你從人類的商業行爲當中，都能嗅出許多刻意爲之的行銷包裝與投其所好的浮誇。有多少次你消費了才發現廣告不實？有多少次你花錢了才知道當了冤大頭？至於網路上各種語不驚人死不休的謠言就更不用說了。

拉掉這些「表象」，世界的功能只是一個自己和「愛與關係」的練習場域，你們爲自己搭建的舞台。這舞台可以上演任何的人生戲碼，你們若在世界中活出愛，世界就是天堂；若活出冷漠，世界就是地獄。而愛與冷漠和其他的任何情感因子，都是一種與這世界發生關係的連結與結果。不論那是發怒或是狂喜，如果沒有這個世界的場域，這一切是辦不到的！

說得更精確，如果世界沒有這麼多問題，「練習」這件事根本是辦不到的！如果所謂的「眞實」只是可以觸摸、感覺、看見、聽見等的「存在」，那眞實的定義就被你們狹隘化。你們被這個「如眞卻假」的表象世界欺騙到成了習慣，以至於完全不懷疑它的「眞實性」，更遑論去領悟到：「原來這世界根本就是你們投射出來的虛假。」

對某些稍有人生閱歷的人來說，可以理解「人生如戲」、「世間如幻」的說法，但一回到生活的事件裡，又陷入自欺的習氣，被世界所迷障。你們以爲破解世間幻象的方法就是「找到眞實」，這只是邏輯上看似正確的答案，「世界表象」可能合乎邏輯，然而「眞實」卻是超越邏輯的。你們觸目所見的世界都沒有眞實可言，外在沒有所謂的「眞實」可以破解這個世間幻象。日子漸漸久遠，你們遺忘了這個疑問，開始和生活妥協，用習氣塡滿你們的每一天，但卻忽略了，世間的一切在時間的推遷之下，也顯露出「不眞」的訊息。

好吧！即便這世界不真，也還有七十億人仍活在這裡。我也知道許多人之所以進入宗教或是身心靈領域，是因為在生命歷程中經歷了許多的挫折和痛苦。我們在這裡談論恐懼與匱乏，對許多人來說，就是經濟的壓力讓許多人活在恐懼與匱乏裡，除了為生存而工作的力氣，我看不見他們眼神中的光彩，人人疲憊不已。人們不是怕飯碗不保，要不就是擔心生意變差，有了這頓沒下頓……商場上計謀盡出，關係裡人心難測，政治裡明爭暗鬥，利益中巧取豪奪。這世界虛偽與假象橫行，幾乎就要以假亂真。有時候真的對人生、對世界感到力不從心！

我明白你的明白，任何一個對人生稍有觀察力的人都會有這些感嘆，很遺憾我幫不了你。這世界的紛亂不會停止，如同這世界的美善也不會消失，但你的視角可以幫助你。這世界的亂象與苦正是讓我們有「融入」的環境與「超越」的機會。超越之前必須先融入，出世之前必先入世。出與入是一不是二！讓「吃苦的日子」結束並不是我的責任，責任在你們。關鍵不在「吃苦」這件事上，關鍵是你們對苦的定義和態度。

關於這個二元世界是如何形成，我們已經討論過太多，不再贅述。關鍵是，如何能讓你們在這二元世界裡取得平衡、豐盛、自在的人生。消除二元競爭的可能性是否存在？看起來這似乎是比教弱勢得救更根本的方法。但那只能在「意識」層面去下功夫，開眼所見，仍有高低、優劣之分。

這世界爲何有此二元競爭狀態？很簡單，你必須練習從天平的一端擺盪到另一端，世間就是天平，擺盪是你們的宿命。沒有你「不是」的，你就不能成爲你「是」的，經歷了「崇高」與「卑微」之後兩樣俱滅，你才眞正如實地體悟到不依不靠、兩邊不著的「存在」。

在此過程中，「競爭」、「對抗」、「抵擋」將會衍生出與之相關的知識和智慧，這智慧最後會使你們走向中道，天平將不再擺盪。苦於焉消失！所以請接受那些還在競爭關係中掙扎、還在強弱之間對抗、還在與命運抵抗的自己和他人吧！因爲二元的存在乃天道之彰顯，弱之不存，強又何在？強中有弱，弱終乃強，強弱變異，推遷不常。

誠如太極，陰陽合一方爲一圓。沒有陰陽不生天地，沒有情仇不生娑婆。神包含正極與負極，如同你們的情緒也有高潮和低谷，二者嵌合圓滿互補。天道悟至高處，實乃無道，名爲「空」。修行無須臻至化境，只要體認到世間一切皆爲空性幻象，而你們都是在此空性幻境中體悟與修煉一顆自然平常的心，在這幻境中似眞非眞的活著，然後活出點本事和覺性。這才是眞正的奇蹟，而這一點都不是件平常事。

我想，那些活在生存壓力和競爭中的人，忙到都沒有時間了，哪裡還有心思去了解這些？

他們忙著生存、忙著競爭，很好，入世踏實地活著就是最大的神通，只要帶著覺性即可。而這就是我們倆合作的目的，不是要他們被喚醒後停止這些入世的生活，而是可以有全新的心靈，以更平靜覺察的態度面對人生。所謂「欲求神通，踏實作工。欲求涅槃，生活是禪」。

那我看有許多根本沒接觸靈性的人已經這樣在過日子了！

靈性之所以靈，就是因爲你不需要用頭腦去懂，祂自然會在生活裡出現，儘管表面上看不出來是靈性。你們對「靈性」二字的了解過於狹窄，怎會認爲那是在生活之外的某個境地、某個領域、某個空間？或只是某種被標籤化的意識概念？許多自以爲懂靈性的人，還沒有這些他們眼中「不懂」的人來得實修。生活是最好的靈修指導。靈性在生活裡，不在書本裡，也不在課堂裡，更不在廟堂之上。不是多讀了兩本靈性書籍或是上過幾堂工作坊，就能自以爲活出意境，祂需要「意願」與「信念」。只要你在生活中處處有強烈的意願與信念，就算你一本靈性書也沒讀過、一堂工作坊沒上過，你也能處處發現、處處活出靈性。

就算我不知道那是靈性？

沒錯！就算你不知道也能靈！而且獨一無二專屬爲你，你會有一個完全與眾不同的生命經歷，這就是靈性引人入勝的奇妙之處。是的！你可以複製賈伯斯的人生事件，但你不會變成賈伯斯；你也可以模仿喬丹的投籃動作，但你不會是喬丹。當你內在的力量成爲老師，你不必是任何人也能活出奇蹟。首先你要有「意願」和「信念」，向內宣告你的相信與決定，並且持續探尋，就可以發現它。這就是「支點」，你的基礎，這基礎只能往內建立。

許多人活得自信全無，你怎能想像一個連自己都不相信的人可以完成別人也不相信的事？這就好像空中樓閣一樣的荒謬。如果你少了內在的支點，你甚至不可能多活一天！起碼在你入睡以前，你「相信」你仍會在隔日醒來。所以這個支點是每一個人都有的「標準配備」，甚至不必創造，只要自己願意啓動。

所以，那些沒有自信的人，只是因爲自己不願意啟動這個支點？有好多人告訴我，他具有某種靈性能力，想從事相關的工作，卻找不到方法，甚至有時會失去力量。這些人又該如何「啟動」？

我說在前面，「靈性能力」其實本是你們的標準配備，人人都具有一個無法自欺的心靈不是嗎？能力的「啓動」只要告訴自己「我願意」就可以。「願意」就是「願心」，就包含有「相信」的力量。一個人有某種能力卻說找不到方法，其實只是自信的不足。一個相信自己有某種力量的人，就像是已經有了「支點」和「桿子」。要是「桿子」不夠粗大，他會「自動」去爲自己的「不足」進行改善；但若只是嚷嚷，多半是連「支點」都還沒找到。

或許是成長背景的關係，許多人活得自信全無，祢能提供什麼幫助嗎？

「沒有自信」是許多人面臨的問題，或許僅次於「如何去愛」。沒有自信的學生子是「恐懼」。到底是先有恐懼所以沒有自信，還是因爲沒有自信所以恐懼？這問題沒有意義，因爲你可以像亞歷山大大帝面臨一個世紀死結的解決方式——抽出佩劍一劍劈開。以下的文字將是你的「佩劍」：

關於自信，許多書籍給的答案是「行動」。確實，不論結果好壞，行動總能夠帶來結果。但就算你懂得正面思考，行動的結果也不一定總是帶給你快樂。擁有「自信心」眞正核心的祕密是「決定」，也就是「願心」。一念生八方動，當一個人眞心想要完成某事，整個宇宙都會聯合起來幫助他。眞正的決定是「持續到底」，只要還有一口氣在，只要意念還在，就永不放棄！這種決定可跟你「選電影挑片」或是「晚餐吃什麼」的決定完全不同，那是一種「永不回頭」的願心。

身體的肌肉，當你不鍛鍊它，它就會顯得無力；鍛鍊它，肌肉就強健，力量就充滿。如果把「決定」想像成一塊肌肉，你越常作決定，就是越鍛鍊這塊肌肉，也就越能作出正確的決定。很多人說作決定要快速，這不一定正確，快速的決定因爲不夠愼思明辨，往往可能帶來錯誤。但也別太慢，你可以「想清楚」然後「作決定」。只是別忘了，決定之後緊接著的就是「行動」，沒有人可以單用語言創造他的世界。當你越經常的「想清楚後作決定」，你就越能快速地做出正確的決定。

許多人會停下來「想問題」，問題只會越想越多，煩惱皆因「想太多」，變成了「找問題」。甚至是用創造問題來逃避面對問題，結果把自己卡死，動彈不得。

我再說一次：「當你越經常地想清楚後作決定，你就越能快速地作出正確的決定。」而當你總是能夠快速地做出正確的決定，行動上的氣勢已經讓你先贏一半，如此你很難不擁有自信。要是還可以對於行動產生的任何一點點「效果」都投以興奮和感謝之心，這時滿溢的自信心和力量，已經足以驅逐所有一切的恐懼。你會發現你擁有「熱情」、「無懼」和「力量」。但是除非你眞的用這觀念成就了什麼，我們還是在紙上談兵。

✧「平衡」即是一切的療癒，「態度」是靈性的彰顯

一個紙上談兵的人可以為他人進行療癒或是任何的教導嗎？

雖然懂理論的不一定搞得定實務，搞實務的也不一定懂理論，但理論和實務不應相悖，應該要能相輔相成。一個紙上談兵的人當然可以帶兵，但兵聽不聽命令又是另一回事。而一個沙場老將可能目不識丁卻有充足的實戰經驗。如果你要的是「貨眞價實的結果」，那麼面對考驗的實務歷練就是必經過程。如果只想要爽一爽當老師、被崇拜特殊性，那光會紙上談兵還是免不了被市場將軍。

我並不想要當「老師」，可是我很愛分享。

「老師」和「分享者」的分別是：一個「分享者」知道並不存在「教導」這件事，因爲「意願」與「信念」就像「學習」與「愛」一樣，永遠必須是當事人自己的責任。分享者也不負療癒他人的責任，他會協助「平衡」。因爲他知道沒有需要療癒這回事，有的只是「心靈」或是「思維」模式的失衡，只待當事人自己內在的平衡與覺醒即告痊癒。

所以一個靈性探索者該有怎樣的「意願」，以及怎樣知道他已經上路了？

一個靈性探索者要先有「承擔人生」的「意願」，爲自己所有的生命事件負起責任，那表示對周圍一切與自己有關的不再有抱怨、不再有批判、不再有攻擊，完全地接受、完全地承擔，放下分別，無有情緒。即便是重如泰山的擔子也願意許下承諾一肩扛起，即便是難如登天的目標也願意矢力前行。

這樣的心願不是小信的人可以擔當，但當他有這麼強烈的「意願」，宇宙會知道。這時候宇宙會給予他足夠的「加持」，讓他成爲一個完完全全與眾不同的人。首先，他的信心會增強，行動力會增加，對挫折的耐受度也會提高。這是「願心」的力量！它只需要一個決定。

當他可以時時刻刻都處在「行走自己的願力」途上，他的覺察力便會提升，他的頭腦會自動調校到「當下覺察」在道途上的狀態，頭腦變成靈魂的工具而非身體的主導。靈魂做事不需要理由，祂直接「是」直接「在」，他不需要知道自己是否已經「上路」，因爲對祂來說，「相信」的事情就會「本該如此」地被完成，一旦靈魂願意相信，一切都易如反掌。

所以這樣的人一定與眾不同嗎？他是否是特立獨行？

強大的信念使他的內在與眾不同，他不會人云亦云，也不會搖擺不定。所謂的特立獨行不過是這樣信念的表現，這份信念也使他無有恐懼，不擔心世人的品頭論足。

但是我還有很多恐懼，尤其是死後的審判。基於這點，恐怕我不是一個好的靈性探索者……

不！沒有死後的審判，唯一爲你自己審判與定罪的是你自己，而爲罪下定義的也是你們自己，神並不比你們嚴苛，否則如何涵納宇宙萬物？神住在你們的心，當我說你們怕神，說的其實是你們怕自己，害怕赤裸裸直條條地面對最眞實的自己。如果你們勇於面對自己，說誠實的話語，也就是面對了我。我對每個人講話，任何一個人也都可以訴說神的話語，但若少了眞誠赤裸的自我面對、省思，乃至在生活中落實，不過是鸚鵡學舌，人生終歸是在投機與漂移中度過。如果我有好惡，那並不是我所樂見。

祢說，當我們無懼地面對命運時，就可以主宰命運，那對印度貧民區裡的人和非洲飢荒的孩子來說，也是一樣的嗎？我不認為他們不正在努力面對自己的命運。

是！他們正在努力面對自己的命運，差別只在於心態上的接受與否。當你「不接受」眼下的狀況，你就很難從垃圾堆裡找出堪用的物品。當你沉溺在「我很可憐」的心境裡，你就很難不成爲受害者。所有的物種裡只有人類對環境有「不接受」的對抗心態，對地球萬物來說，皆是「物來則應」的直接面對。你們用「戰鬥」來形容人生，我卻要說，以「攻擊」和「對抗」爲主要思維的「人」根本不算活著，充其量只是個會呼吸的機器。因爲生命的價值不存在彼此的對抗裡，也不存在於內在的攻擊裡。

我的生命則存在這書裡……

你一直以來不太受教，曾經有很長的日子，你活在頭腦的模式裡自以爲是。儘管如此，我看著也是好的，直到你自己感受不到眞正活著，而開始創造了後續的一切改變。

是祢幫助我創造後續的一切！我經常在等待那特定的時刻，祢臨在的狀態！

要是那狀態一直不出現呢？你看看你給自己設定了怎樣的制約？你以爲我能單獨存在於心裡或頭腦裡？

祢不是單獨存在的嗎？「宇宙之心」？

不是！從來就不是！你以爲只有你「能寫」的時候我才「臨在」嗎？任何時候，我也看著你做些頭腦的事，或在臉書說些無關緊要的話，卻不出聲音。不是我不「臨在」，而是你沒注意到自己的「存在」，尤其是在頭腦模式之下。當你清楚地覺察到自己「存在」的頻率，你就與天地同頻而能感受到我的「臨在」。

這宇宙沒有什麼能夠單獨存在，連神也不能！若沒有人，神也不神！人與神是一體的兩面，是互為表裡，是合作夥伴。是人的存在肇生了神——你們的愛、感恩和恐懼。因著人，神有了人性，因著神，人有了神性，所以你們與神共為一體、本為一體。當你「體驗」而非「知道」這一體性，你便明白，其實沒有神也沒有你，有的只是「存在」的狀態。那是一種被稱之為「空」的境界。

你們總愛用「次元」來形容那狀態的層次，事實上「次元」只是你的心靈狀態的頻率。在「空」裡，你知道你是（大我的）你，但你又已經不是（小我的）你，那難以言喻的既分離又合一、既遠又近、既是又不是、像是在又像是不在……啊！往更深處，甚至連「存在」都寂滅（與大我消融合一）！任何你所「以為」的，不過是一種頭腦的設定，透過信念，那就像程式一樣，是可以改變的。

許下心願做出承諾容易，要能堅持初衷很難；要在挫折磨難中堅持，更是難上加難！

正因為做這個選擇不容易，你沒有太多的外部競爭，只需要和自己賽跑。容易的事情讓普通人去做，如果你要不一樣的人生，請你務必先改變你小我的個性。從來沒有一個小我的個性可以在認出天命後承擔。「臣服」是面對生命的「態度」。要我說，這種全然的接受，便是「相信」的態度。這種相信是不需要理由的，不需要外部的肯定或讚美，而最後因著這份相信，他必會成就他所決定要成就的事物。

我想很多人還是寧可回到熟悉的空間，熟悉的魔鬼畢竟比較容易親近。對於那些活在「熟悉的苦難」裡的人，例如：家庭暴力、精神虐待、性侵的家庭，祢的建議是什麼？我可不認為這些是他們該受的天命！

如果可以選擇，應當要離開，而非以任何藉口繼續面對迫害。人們之所以選擇「熟悉的磨難」，只因爲習慣了而不願意改變，甚至還爲這苦找理由承擔，認爲這才是負責。負責可不是這樣用的。委屈自己待在任何一個威脅到生存安全的環境，才是對生命的不負責。

或許那是他按著因果該承受的呢？

或許是，那也不意謂著他不能去改變！不要忘記你們都有改變自己命運的權柄！

只能改變自己的嗎？像利用占卜、命相、星象等為人解惑，有可能改變對方的命運嗎？這樣會影響因果嗎？我的一位朋友說他最近被一位「老師」指示要小心，別用這樣的方式涉入他人因果太深，不然自己可能會有不好的影響。

表象的因果人人可以藉由行動去改變，牽涉到生死輪迴是屬於不可眼見的潛在大因果，一個人會有怎樣的命運以及道途上的遭遇，其因果豈是一般人隨隨便便有本事介入的？你除了受自己的因果影響和改變自己的因果，對於他人的因果，你想介入還不容易哩！

面對求助或者需要被幫助的人，要是那人的「受苦」眞是他在因果上來說「該受的」，那麼根本連「受幫助機會」的可能性都沒有。要是「助他之力」出現，那是不是也表示，這份協助也在「因果」計畫之中？這世界上每天幫人解決問題、處理困難、公益行善的人可多了！要是這些「利他行爲」都屬於「介入因果」，那因果法則對人類一點助益也沒有，因爲它使人性冷漠進而沉淪！如果所有「利他的行爲」都等同於背負對方的因果，那這世界將成爲一座廢墟，人類的精神文明也沒有意義！

是不是因果，不是誰說了算，但是對需要協助的人和事視若無睹，卻以「不擔因果」爲名冷漠以對，我保證這絕對會有因果。你應當協助、應當伸手。但做完就忘，只有這樣超然的利他行徑可以眞正的幫到受助者，也讓天地爲你紀念。

謝謝祢給出了中肯的看法。不過我同時也想到，好像沒有簡單的人生這回事。誰都有本難唸的經，誰都自認生在苦海，看別人卻是一派輕鬆樣。事實上真換了角色，也不一定比較好過。

所以，知足吧！人生之所以是「苦海」，是因爲你們不願意用「面對」來濃縮這份苦。「面對」是知難行易的事，有面對的心反而可以減少痛苦。人生中問題往往也包著答案，如果運動讓你肌肉痠痛，解決痠痛的也是運動。要是工作使你心煩意亂，解決心煩的也是工作。要是逃避使你痛苦……

解決痛苦的還是逃避，對吧？

對！只是很短暫，很快就會恢復痛苦，直到你受夠了！

人性不喜歡面對、解決，那象徵著過程中可能會有的變動和痛苦。我們寧可安於現狀拖延著，對某些可以藉由拖延換取利益的人來說，更是如此。

不管這苦是被稀釋還是放大了，苦的本質還是苦，面對只是小苦，逃避最後會累積成大苦。任何一個「安於現狀」的拖延者都明白，他們只是在逃避，逃避面對的恐懼，卻可能因此活在更大更久的恐懼裡。「安於現狀」其實是不安，「逃避」是個「最小阻力解」，它用在人生道途上，卻也只能得到最小的效益。如果你選擇，那就不要對更高的可能性懷抱綺夢幻想。事實上，當一切改變的可能性都存在，安於現狀不僅無法扭轉現狀，更讓自己失去優勢。

那麼讓那個受家暴的孩子離開家暴環境，難道就不是逃避？好吧！我承認這問題很蠢……

孩子！聰明點！我們不要玩邏輯上的辯論。是的！離開確實是另一種逃避，不過與其稱之爲逃避，我倒認爲是種「轉進」。畢竟他連「安於現狀」都做不到，那就先退到一個讓自己能有安全的環境、安定的心靈之地，然後在穩定中才有讓現狀更好的可能性。

我不打算跟祢辯論，也不認為辯得贏。

是啊！如果諸般跡象都已經顯示你該如何去做，爲何要浪費時間和上帝爭辯？在人生道途上，每個人都握有選擇權，那些以爲自己沒得選的人，不過是以此作爲藉口，好贏得一些其實不是他眞正需要的。

例如？

像是同情、關懷、合理的抱怨等。

受害者的福利嗎？

是苦中作樂的機會。如果他們意識到自己正在某種受苦狀態，而不願承認又不願改變。

誰都想過輕省的日子，誰都不想吃苦！

或許做出面對的選擇不容易，但只要開始，就不會太難，你唯一的對手只有自己。當你把做出承擔的態度變成一種習慣，你會發自內心的感到自豪，這份自豪會引發周圍的認同；漸漸地，你會找到這份「吃苦」背後的甜頭，如果嚐到甜頭，什麼苦都不苦了。這時候你回顧所吃的苦，會發現這苦其實不過只是「意識」上的「標籤」。

如果無法相信這點呢？

那就去重新創造一個！

這還是無法避免需要「相信」啊！

所以請直接相信吧！就不用一直繞圈圈……

對許多仍活在「匱乏狀態」下的人們而言，最大的苦是沒有足夠的資源……還有許多所謂「人生勝利組」的朋友，儘管外在物質什麼都不缺，卻唯獨空虛寂寞，空乏的內在讓他們失去了快樂，這也是苦。祢這本書要是能夠解決這些「實際」的問題，我相信對更多人來說，才是「心靈」力量被真正落實。

聽好！我說過，關鍵是「你們對苦的定義和態度」。當「苦」已經變成一種「信念」，則不論你是高官厚祿或是升斗小民，你都感受不到「樂」，因為你總是會在自己和他人的生命裡，最先注意到「苦」的證據。而這證據又回頭來支持你的信念，使「苦」更堅定不移，於是「苦」的感知便更加真實了，這個信念將會使你的生命失去和諧。要扭轉這樣的情況，你必須先從「信念」轉變，若是信念不能立即扭轉，就從外在的「態度」做起。

外在的態度決定於內在的信念，若是信念無法扭轉，那外在的態度又從何而來？

任何一項改變，如果不能從內在，便要從外在開始。內外是互相交通影響的，從來就不是單行道。舉個例子：一個不常運動的人經常顯得慵懶沒活力，要想得到活力，就得於外在開始建立運動的習慣，哪怕一開始時是不情願的，只要他願意開始，漸漸地他就會變成一個有活力的人。

所以祢是要我們「假裝」，即便一開始時心不甘情不願？

那得看你「改變」的「願」有多強，假不假裝不是重點，若是你心甘情願，就會顯得眞。那份心甘情願便是「接受」，接受眼前的一切境況。

意思就是「認命」對吧？那他乾脆就「接受」自己就是慵懶沒活力，何必心不甘情不願的改變些什麼？

「認命」是一種全然的放棄，像是受害者似地，完全相信自己是被「命運」所擺布的。確實有先天之「命」，但你們後天的「信念」、「態度」與「行爲」可以完全逆轉先天之命。簡單地說就是：在你們的「思、言、行」上就有改變人生的巨大力量。改變進行前，無論如何，總有需要接受的，我所說的「接受」，第一條就是這個。

✧二元世界裡的「接受」

那祢說說「接受」的意思。

「接受」是一種「不對抗」的心態，它包涵內在的「心」與外在的「態度」。不對抗並不是一種消極的反應，人們經常用「對抗」的態度和方式企圖獲得「改變」，卻總是事倍功半（可笑的是它常被稱之爲「積極」）。原因很簡單，因爲對抗是一種生物性反射，而且屬最容易的一種，在這機械性的反射當中，卻沒有太多的智慧。對抗往往帶來破壞與傷害，對外造成破壞，對自己造成傷害，這是許多人爲何獲得外在的成功，卻仍然不快樂的原因。

最高的智慧總是福樂圓滿，內外不漏。**「接受」的目的在獲得一種「寧靜祥和」的心境，這樣的心境讓你有更清晰的頭腦與視野去看清境況，透析事理。**在這樣「內在調和」的狀態下，你不會產生「吃苦」的意識、不會抱怨與批判。這樣的結果，先是外在所見的衝突變少了，然後你會發現，因爲內心平靜，而有一種滿足的狀態。不論外界如何變化，都不能改變那份平靜，不論周遭有多麼貧乏，始終感謝與滿足。

你超然了物外，跨越了自己與外在的界線，與天地合一；如如不動而世界繞著你轉動，懸於虛空而又踏實滿足，意識不在一處，卻又處處都在。在這樣的心境下，原本二元的矛盾狀態獲得了全新的樣貌、全新的平衡、全新的理解，任何事件的發展，只能朝向有利於你的方向。我常說：**「你會得到你相信的。」在那之前，你要先「接受」一切。「接受」便是「掃除」阻礙你夢想實現的第一件事。**

你可以舉例嗎？

二元相對狀態是這個世界的表徵，黑與白、好與壞、正與邪、動與靜、勞與逸、苦與樂。一個處於內在和諧的人，可以看出這些二元對立面並非是老天刻意的懲罰或惡意的遊戲。他們會看出所有二元對立狀態當中的平衡，並且接受感恩。他們知道，二元狀態的存在正是使世界運轉並維持平衡的機制。甚至只需要在頭腦層面意識到這點，都能使你對二元任何一方的埋怨和痛苦減少。

很多時候，人們會痛苦埋怨，只因爲對某些狀況的「不接受」。而看出並接受一切相對的都是平衡、都是自然且應該的人，就會有更大的寬容度、耐受度、同理心，去面對他所處的狀態或對象，這樣的人因爲內心的調和而容易平靜。當你能夠用更平靜的態度處世，就會有更多的能量可以用來善待自己、提升自己的內心。這才算是一個成熟的生命狀態。

你讓我開始反省，自己有許多時候內心都不能平靜，一個不能平靜的心，真是不能善待自己啊！有好多次，我在情緒的高峰和低谷消耗了我大部分的能量，等到事情真的臨頭了，才發現力氣已經耗盡。

有點像是要去遠足的小孩，前一晚興奮得睡不著，隔天就沒精神玩了。

是啊！即便現在已經成人，還不免犯下這樣「不在當下」的錯誤。

沒有錯誤！只有練習。就像你們從孩子時期就開始練習那樣，要知道，在當下的平靜中，就有創造的力量，這是來自宇宙之心的力量，這力量一直準備好要爲你所用。祂帶來直覺與洞見。若無法平靜、專注、覺察，你很容易把每個「當下」作爲「現在」而任其流逝。

我想，一個活在當下的人懂得了順隨，應該也不會在乎事件的發展方向了！

不！他仍會在乎、仍會認眞，只是不會「當眞」到成爲心中的壓力，仍舊老神在在。這樣的人總會在任何二元對立中找到利基點。不論事件如何發展，他都能在當中看出有利於他的面向。因爲他從過往的生活經驗得知，這樣的正面「心態」，眞的會讓事件「越來越」朝向有利於他的方向發展。你們很多人日子過得一點都不用心、不敏感，忽略了許多存在你身邊、來自上天的提醒；或即便是恩典，也被視爲理所當然。凡事認爲理所當然的人，很難會注意到奇蹟，感恩的人則總是恩典滿溢。

到目前為止我總結祢說的就是：凡事一切向內心使力，而非向外，有點類似「無為」的觀念。

其實無須使力，而是省力。所謂的「無爲」指的是讓內心平靜祥和滿足，在這樣的心境下，你於外在不會特別去做些什麼對抗與改變，你只會順隨，讓外在的事情自然而然的演變。而你看著都是好的。當你看著都是好的，一切的演變只能越來越好，於是又更強化了「接受」的意願與「相信」的力量。

我想我知道為何**很多人操練「正面思考」而無效的原因了，因為沒有先對內進行「接受」的功課**。

如果你抱持著「好像」正面的態度，但「骨子」裡仍是對抗，你仍然可能會成功，但是不保證你快樂。而**不快樂的過程，會讓成功的步伐顯得凝重**。就好像有人曾經因爲沒錢而受到有錢人的羞辱，他有可能爲了「爭一口氣」而奮鬥努力，以致終於成功，但這樣的成功並沒有帶來心靈的祥和，他很難不在功成名就以後思考著要如何「出一口氣」。

你要記住！**任何的外在成就若失去了心靈的平靜，都不算是成功**。許多商人或政客，無所不用其極、不擇手段地獲取利益與金錢，但是風光的只是表面，潛藏在他們內心深處的，其實有許多的不安與內疚，這些都日夜地鞭打著他們。若要我說，他們的富貴還不如一個窮小子的窮開心。

是啊！富有富傷心，窮有窮開心。為了富貴鋌而走險乃智者所不為，但若與富貴無緣，咱們就要點小確幸吧！

與富貴無緣可是你說的，別賴到我頭上。要知道，即便是小確幸，也不是一件容易的事，特別是在重重金錢壓力之下的日子。所幸眞正的小確幸不在外面而在心靈，不是錢財而是決定。**也只有心靈時時獲得恩寵的小確幸，人生起飛的機遇才容易發生。正如同「好事總發生在喜悅者身上」**。

是嗎？我見到不少生性樂觀者，上天似乎是有意考他似地給予一堆橫逆。

他眞的生性樂觀？要是如此，你是怎樣知道這些橫逆事的？上天不會主動地試探人，但人一旦對宇宙之心發出思言行與願力，就會引動相關的反應。「一念生，八方動」，每一個心願都會被聆聽、被保管，但不是每一個心願都能被滿足，總是被呼招的多、被選上的少。

這是為什麼呢？

這要問你們。我並不是坐在寶座上對這個說好、對那個說不好，我才不干涉那些事情，但當你們事與願違時，總是要編派個黑鍋讓我背，說這是「神的旨意」。我再說一次：平行宇宙聽命於你！**你怎麼相信，事情就會怎麼發生。你不會得到想要的，只會得到相信的。你不會遠離恐懼的，只會創造害怕的**。只有勇敢面對結果的靈魂，會願意接受一切示現的挑戰，這也是靈魂提升的印記。

所以難怪人們會用「戰鬥」形容人生，時時刻刻要面臨「挑戰」去「接受」許多生命的苦水！

對一個已經了悟生命本質的人來說，戰鬥與平靜並無軒輊，甚至可以平靜地進行著戰鬥。只是，說人生像是戰鬥的人，多半都尚未了悟。其實要「悟」也不難，所需要的也不過就是經常性地「覺察」。**當你能夠時時「覺察」，產生了印記之後，便進入「覺知」，然後經常性地處於這個狀態，就是「覺醒」。至於「開悟」則是以上這時時刻刻的「過程」。「開悟」不是終點與結果，只是過程**。

✧「當下」才是人生的亮點

我看見許多人追求開悟，看來跟祢說的差異不小。

既然「開悟」只是一個「過程」，那麼「清清楚楚地活在當下」就是一個連續性的道途。開悟不必求，求不來的。你不可能只因爲多燒了幾炷香、唸了幾部經、上了幾堂課，就獲得了悟生命的特權。何況任何的「有求」，著眼的都是「結果」。當這份「對結果的要求」形成一種執著或是制約，過程會被忽略。對目的的執著和被忽略的過程，便是苦的來源。就像你參加有獎金和獎品的射箭比賽，一心想著獎金看著獎品，反而不能專心地爲拉弓做出恰當的姿勢，結果就是射不上靶也拿不到獎金。

我覺得祢需要給大家一些道路上的指標，好讓我們知道身在何處以及方向，最重要的是，讓我們安心。

聽好！如果你有在靈修，或者，你自認是個靈修的人，一開始你可能會敏銳地覺察到，生活中的巧合或是幸運的奇蹟增加了。其實不是增加了，而是你終於注意到了。甚至許多靈修新手會有所謂的「靈性的狂喜」，這是新手的好運道，充分活在靈性開啓的全新體驗中，喜孜孜地開始大量閱讀書籍、大量追逐上師，但靈性不會總是狂喜，靈性最後終歸要平實落地。在初階的高潮過後，你會了解巧合是不存在的，而奇蹟也沒有大小，更沒有對象之分。即便是一個行乞者，也被允許享有天降的恩賜。靈修一段日子後，你會發現奇蹟般的好運消失了，彷彿他們未曾有過，取代的是種種的不順、疾病、意外與困頓。

這一切究竟是怎麼回事？不是在精進中應該要越來越好的嗎？不是越修應該越要心想事成嗎？

你從哪裡來的這些想法？誰告訴你的？你怎麼這樣天眞？你只是稍微做了點生而爲人該有的本分，卻理所當然地認爲老天該給你許多。老天沒有欠你什麼，也沒答應過你一生都會心想事成一帆風順。而且捫心自問，你修煉的程度眞的讓你值得老天的厚愛嗎？值得領受祂的奇蹟多久？

祢讓我無言以對！

別難過，事情也沒那麼糟。你聽過身體有所謂的「好轉反應」，就是爲了恢復健康而會在症狀上有更嚴重的表現，對某些正在排毒清理的人，可能痘痘會更多，還併發筋骨痠痛胸悶氣短……從生理上說，那正是身體啓動自癒能力的過程，過度的藥物反而適得其反。

靈修也是一樣，你們的心像是一桶陳年的糞水，積累著許多的錯誤、恐懼、擔憂和所有你逃避的責任。一開始你願意面對這桶糞水，會有些來自上天的小獎勵；當你眞的開始攪動糞水，自然會嗅到衝出的噗鼻氣味。這些噁心的東西不正是從你身體內在排洩而出的嗎？過去你把它棄置，眼不見爲淨，但它並沒有消失。現在你要面對它，嗅它，與它共處好一段日子。

這不是個輕鬆的過程，你生命中的許多習氣要被翻轉，許多不宜的關係要被斬斷，許多不適的朋友會離開，許多不該屬於改變後的你的人事物會一件件地崩離瓦解。這是靈性上的「好轉反應」。這過程的附加功能就是：檢驗你靈修的道心是否堅定。畢竟日子好過時，誰都能說上大道理，眞功夫只在痛苦磨難時才能顯現。你會在痛苦中知道自己的級數。

老實說，這是一個很容易放棄和退轉的過程。原本積累了數世的因果要在半生償還消滅，就像是喝一杯超級濃縮的苦茶。人生是苦多樂少，多數人選擇把苦茶稀釋成一大缸，每天喝，喝上幾輩子。唯稀有而充滿勇氣的靈魂，會選擇一飲而盡。選擇不退轉一飲而盡，只需苦個幾年，有人會需要十幾甚至幾十年。可是上天對那些吃苦咬牙的回報是大的，因爲能夠「三世因果半生償」的人，都當承受天地宇宙的供養。神的國度屬於他們。

反正不管濃淡，苦茶是一定得喝的就是，沒得選！

有得選！選擇範圍的程度會隨著你能接納的東西逐漸擴大，但眼下你們的狀態只有這樣的選項：怎麼喝，而不是喝不喝。**不是要不要人生的苦，而是怎樣面對人生的苦**。只要你活著，你永遠無法避免和這世界的人事物發生關聯，只要有關連就會有苦樂。**重點從來不在發生的苦樂上，而是你們的視角**。當你擴大你的視角，對事件的解釋具有更高的格局、氣度，那些和你相應的結果就會跟著改變。因著你的氣度與格局，宇宙會再回饋更大的視野和選擇的自由度給你，於是你會發現你的道路變寬了、資源增多了。這就是可以讓人生左右逢源、越走越寬的原因。古人說「德要配位」，氣度與格局就是「德」的展現。一個人若有了「德」，「位」也會隨之而來。

我想祢回答了一些人為何上課或諮商無效的原因，若不是給予者、要不就是接收者的「心」或「術」出了問題。

「術」被囊括在「心」的範疇，因此只要「有心」，都能在「術」上得力，剩下的只是時間的過程。我再說一次，對人生的諸般苦痛，「術」可以讓你止痛，但「心」的醒悟，你將可以一勞永逸。你們行走世間需要這兩股力量，心與術偏廢一方都是失衡，不論你要的是豐盛的生命或是覺醒的靈命，你都需要這二者。

當你們把「心」與「術」分離，就是「人天分裂」的開始。當你著重在「技巧」、「姿態」、「動作」，你是在「做」那件事。當你著重在「呼吸」、「感覺」、「寧靜」，你就只是「當下」本身。前者是「術」，後者是「心」。前者是「Do」，後者是「Be」。哪一個才對？都對，也都不對。中道而爲，不落兩邊，方能心術合一。

我這人不學無術，倒是「心」出了問題！我在某些事情上，仍有龜毛的完美主義和急躁衝動的性格，我對於自己仍有的瑕疵感到困窘，我確實並不完美。每當出了錯，不用人說，我已經無地自容，就像是犯了罪一樣。而現在這個角色，我也感覺好像我必須要完美無暇才有資格分享……

你不學無術？一個有完美主義的人會允許自己不學無術？你可以不學無術，也可以不必完美。「罪」並不是你們所以爲的「罪」，而只是「不完美」。在你們的世界裡，不完美是必要的，完美的結局就是……結局了！我不要求你們完美，因爲眞正的完美從不存在，也無法存在，唯一只能存在你們的想像裡，但這也是唯一無法終極實現的想像。

誰又來爲「完美」下定義？完美之美，美在無法實現，但它可以趨近，不論是作品或是企業，不論是家庭還是伴侶，事實上它適用於任何領域。讓我們用另外一個詞「進步」來替代。不要再要求完美，但要讓自己進步，持續地卓越。不是要求「別人」，而是「自己」。讓「自己」的進步永遠先於「別人」。你的進步與卓越只須與自己比較。世上沒有人不是透過修正來獲得進步，卻從來沒有人透過任何方式成就完美。

沒錯！就像現在我們正在進行的對話，也受到了「完美主義」的影響。我經常必須要小心，別讓頭腦的東西進來，為了這份堅持，我必須反覆地閱讀與感受，直到我確定修正到去蕪存菁為止。

這不會是一本完美的書，也沒有哪一本書會是，不管它是否暢銷。對許多尚未相應的人來說，書架上多了這本書還太占空間，不如拿來蓋泡麵。但對於「有心」尋求答案的人來說，這本書會有很大的力量。

你不必擔心修正的問題，那是應該的。有不少讀者仍然以爲，「自動書寫」像是扶乩一樣的出神狀態。事實上神透過你的心說話，而你的心當下的狀態會決定「神」要說些什麼。一切都由你們的振動頻率決定。多半時候，你們是讓頭腦作主的，也因此書寫下來的內容屬於頭腦的囈語居多。要知道凡是「頭腦」的作品往往不耐久，很快便會湮滅在時間的流裡，只有「用心」可以超越時間的障礙。

就像是宗教裡的經典嗎？

不只，你們有許多文章能夠流傳千古、廣爲傳閱，也都是作者「用心」的果效。

和神說話「真的」可以修正嗎？我是說不管是禱告或是書寫，都有修正的空間嗎？

當然有，不然你以爲「犯錯」這件事之所以可能，是怎麼來的？你甚至可以在禱告時跟我說：「對不起！剛剛說錯了，我要更正！」你會發現，在「修正」前必定會先有「不適當的選擇」和「反省的意願」，這樣的選擇是神應允的，這樣的意願是神所喜悅的。因爲人類至今依舊必須倚靠「試誤」的方法，來取得不同狀況下相對「適當」的決定。如果有老師的存在，那眞正的「好老師」是最快覺察到「不適當」並且最快做出轉變的人。

以人類的身分作爲一個「分享者」，你當然不完美也不需完美，所有的「老師」也都是如此！**靈性的品質由修正的速度決定，而不是犯錯與否。**人都會犯錯，老師也與常人無異，不需要神化靈性老師，老師更不需將自己宗教化，**因為靈性與宗教一點關係也沒有，靈性只是心性的層次，後者只是小我的投射！靈性所修所學皆是用來自我精進而非檢視他人，**老師尤其該如此。與其用放大鏡檢視這些老師，不如先問問自己，爲何手持放大鏡？

有不少人對這樣的「分享者」進行批評議論，斷斷續續我總會看見或是聽見某些針對性的談話……我認為心靈的修煉是各自的事情，各人都有各自的功課要面對，根本不存在比較的基礎。

一個眞正進入心靈修煉的人，會大幅的減少對人、事、物的評議，但會評議的人不代表不具備心靈修煉的基礎，對於評議或被評議，既不用有反應也不需要回應，俯仰無愧於心就好。你們活在以二元爲基礎的環境進行心性的提升，靈修既不是要你對周圍無感冷漠，也不是要你們拿著放大鏡刻薄地挑人毛病。如果你發現自己在評議他人，永遠要記得，觀照自己評議他人時的初衷和態度。

你和所有的分享者都不需要擔心針對性的談話，有時候人們會選擇對顯眼的人發動較爲強烈的攻勢，企圖模糊自身問題的焦點，但卻往往更顯明了自己那份小我的無助。任何一個「以爲」老師應該要「完美」的人，本身就大有問題。他們將他們自己做不到的「期待」，投射到一個可以安全指責又不用承擔責任的人身上。只要找到了這個老師不完美之處，對自己內在不完美的專注就安全的獲得了轉移，於是這份安慰劑可以讓他內在眞正的問題繼續隱藏。要知道，發怒攻擊的總是弱者，攻擊裡面沒有學習，也說明了他其實無力或無意爲自己的「進步」負責。

我必須說：**你不會看見你內在沒有的東西**。你外在所見到的「不完美」，完全是來自你內在「不完美」心境的投射。你若帶著墨鏡，還希望一片光明嗎？因此一個老師不必然是完美的，但他因著這角色努力使自己趨近於完美，卻是必要的。

身為一個老師，是否該在行為上表現出他說的，也就是言行一致？我知道有許多人是用這樣的方式在檢驗老師是否「夠格」。

每一個人用自己的「視角」決定他所看見的一切。你是夠格的或是不夠格，其實並不重要，反正沒有兩個人看你會得到一致的看法。既然「眞相只是個人的解釋」，會有人給你按讚也會有人對你說幹，相較於那些冷漠表示「我沒有意見」的人來說，就連被比中指都是一種變相的肯定。

你要訓練自己不要輕易被世間的制約綁架，不要輕易被他人的評價傷害。要了解，人們平常的思言行都是在主觀意識下兼具善惡、好壞各半，被評價的人也會因此毀譽參半，說穿了這只是二元世界的「正常現象」之一罷了，沒有誰是全好也沒有誰是全壞，所以事實上一切都是沒有好壞的。**「但神看著是好」，這是神的選擇。當你「看真切」然後「不當真」，只定睛在對你成長和成就有益的選擇上，你就做了和神一樣的選擇**。如此這些你所選擇的，也才有機會眞正幫助到你。任何上了檯面的人都免不了被「檢驗」，但驗不驗得過，不是他們說了算，是看你。

祢意思是說：「我決定」自己進步的程度，他們決定他們檢驗的高度。

是！他驗他的，你做你的！「老師」只是一種身分的標籤，可以是他人投射的認定，也可以是自我的認知，看那位「老師」是否自認是個「老師」。如果那身分只是他人安上的，他可以不隨那認定改變什麼，安心做他自己就行。但如果他自己在過程中開始眞正學習到自己所教的，那麼他就會心甘情願地言行一致，畢竟只有透過行爲的落實，方能檢視眞知。這時他眞正成爲一個老師，先是自己的，然後是眾人的。

這是個以貌取人的社會，不斷有人來告訴我：「你完全不像會寫這書的人。」雖然我知道他說的沒錯，確實如此。但我還是會難過，大家還是比較相信「相由心生」……

你不是一向回答：「寫這書的人應該長怎樣？」以貌取人雖然膚淺，但是「相由心生」並不是「心善面相善，心惡面相惡」這樣的解釋。要是這麼簡單，該看看有多少慈眉善目的惡人！金剛雖然怒目也有低眉時，菩薩遍灑甘露也有不悅時。一個人的諸多「面向」豈能僅由「面相」決定？人的面相受到基因的影響，還小過歲月經歷的打磨。透過面相確實對人可以「略知一二」，那是簡單的歸納法，若要深入了解，則非入心不可。

不要做一個以貌取人的人，但要了解自己。人一旦通透了自己的心，往往離別人的心也近了。因爲內在的平行宇宙都是相通的。你內外巨大的差異化，使許多人注意到你，這對你是有益的，而現在你已經到了必須調整的時候。你開始要讓你內在的東西外顯，使人能一望而知你所「是」的。

✧是的！你可以！

我可以嗎？我是嗎？我值得嗎？

你永遠都值得你所進入的高度與寬度，只要你不否定自己。對你來說這是個必要的過程，這是你我的約定，從一個次元跨越到另一個次元。你的一生將有許多的次元需要跨越。當「外相」出現一些狀況，記住不要被外相迷惑捆綁。

所以「相由心生」真正的意思是？

「外部世界的諸相，皆來自內心的投射」，不論你想在這個外部世間創造什麼。

為何人們總認為面相好壞是由心的正邪而來？

「相由心生」有兩個解釋，一解爲「面相乃由心性塑造」，另一解爲「外境是內在的投射」。你們也常說「愛裡沒有虧欠」，一樣有兩個意思，一解爲「愛情裡不必談誰欠誰，都是心甘情願」，另一解爲「有愛的人都能豐盛富足」。

我們的頭腦常常是尋求「定位」、「標籤」、「解釋」的。正如同一個失業許久又無能創業的人，往往會自慚形穢信心低落，原因就是他無法給自己一個「定位」，又給自己貼上「無能」的標籤，這樣對自我的「解釋」，更造成信心低落的惡性循環。所謂的「眞相只是你的解釋」，人們可以任意地去「創造解釋」，甚至是荒謬地詭辯。你的潛意識不會分辨好壞，只會受理你已經「接受」的觀念。任何事情一旦你能爲自己創造「有意義和價值」的正面解釋，你就能改變自己的視角。然後你的世界就會改變。而「解釋」往往只和你「選擇」怎樣思想和說話有關而已。

人人渴望在生命中擁有阿基米德發現的「槓桿機制」，好讓你用更少、得更多。其實你不必外求，你所要的，在你開口以前，老天都已經給你了！人體身上就有內建「四兩撥千斤」的槓桿機制，那就是你的舌頭。腦袋有四十盎司重，但舌頭很輕。善用舌頭，你可以扭轉腦袋、創造新人生；管不好舌頭亂說話，禍從口出，受害的也是你的生命。小小一片舌頭影響如此之鉅，可惜的是，舌頭很輕，能管得好的人並不多。

我莫名其妙地出了第一本書成了作者，又在沒有心理準備下被當作心靈老師，很長的一段時間，我根本不在意別人對我身分角色的投射，還是我行我素做我自己。這樣旁若無人的日子持續了幾年，到最近，我發現我並不快樂。

做自己不快樂？還是別的原因？

不！做自己很快樂。但隨著「奇蹟」在我身上的展現，我看見了和我所來之處完全不同的視野。當我將自己放在那份寬度與高度裡，我覺得和原本的我格格不入，我覺得原來的我太

Low了，我應該提升自己。

對於追尋卓越的人，提升自己是應該且必要的，問題不在怎麼提升，而是弄清楚要去哪裡。方向永遠比使用的工具重要。

不論是「我行我素」或是「自以為是」，我知道已經到了要有所改變的時候。當有越來越多的人關注我，我必須要為這一份來自他人的關注負起責任。老實說，我認為過去很長一段時間我對「老師」這個角色很不負責。儘管「老師」這角色是「別人」給我安上的。

如果沒有你的生命藍圖，如果沒有你的意願，你絕不會誤打誤撞成爲這角色。宇宙中沒有什麼是巧合或是誤打誤撞。很高興你終於發自內心眞正「接受」你是個「老師」。當一個人眞正地「接受」，他就可以無條件地去承擔、去執行、去負責、去付出，不論酸甜苦辣都心甘情願。「接受」讓人能處於一種「無求」、「無悔」的態度，而宇宙對於「無求」、「無悔」付出的回饋是無限的。我說的是無限！如果宇宙是個銀行，那祂給的利息不是以百分比來算，而是以倍數計。

我想起，當我還不自認是個老師時，已經引起許多人攻擊。當我現在開始真心接受這個角色時，又會帶來什麼？

你不眞正接受你生命中該走的道途，就永遠不會找到承擔和處理這些外來攻擊的力量！我的孩子！**一個不願負責任的人是不會有力量的**。讓我告訴你，當你感覺受到攻擊時，請你記得，這世界上沒有誰是「針對你」而來，每一個人都只關注他自己，就像你看照片會先找自己一樣。要是你眞的找到一個「針對你」的對手或敵人，那肯定是自己內在先有了敵對的態度，才在外部世界映照出他來。即便是這樣針對你而來的敵人，他的初衷也不是爲了你，而只是爲了讓他自己好過一些。對他而言，你眞的沒有那麼重要。是否敵對，就看你是否願意善待自己、放下敵視。

所謂的「敵對」，正是「受害」的開始。因此耶穌說「要愛你的敵人」、「爲那迫害你的禱告」，因爲祂知道，所有受害情節的加害人都是自己。**世界只是一面鏡子，而心則是投影機**。空無一物的投影在鏡子前只能反射一無所有。**內在沒有開關，外部就不會有事件**。換句話說，**世界不會改變，除非自己先改變**。你的改變已經相當地巨大。

我跟祢保證，在我懵懵懂懂的年紀，絕不會知道有個行業叫做「身心靈老師」，更別說立下志願走這行，老是跟學校唱反調的我，更不可能相信自己會被人叫老師。至於寫作，我以前是個窮業務，不是拿筆的，我根本不知道自己是怎樣寫出這些東西……可我對於眼下人生的道途~愛死了！如果這是祢的安排，我必須承認簡直棒呆了！

其實是你跟我一起安排的。你只是忘了！不過我很高興你喜歡。事實上，這四十幾年來，跟每個人一樣，你身邊一直有著天使在關鍵時刻給予提醒和忠告。否則你有太多機會會走上和原本你預計的命運藍圖相左的道路。那又會是另一番光景了。

我有些話想講，是我曾經貼在臉書上的，我想把它放在書裡，因為這對我很重要，讀者也會想知道我真正是個什麼樣的人。

貼吧！

我性情爆烈，修養不好，易怒易衝動，特別是有人尋釁時。或許是上天特別要我做這功課，才讓我擔這角色——你必須先成為你所「不是」的，然後才能成為你所「是」的。我被派為，或說我自願成為這個需要心性修養、廣大格局的靈性老師角色。對我來說，這當中的衝突有多大，可想而知。

在這被上天調教的過程中，有許多的配角上場，不是那些吹捧和讚美的人，而是踢館尋釁，故意激你、找你麻煩「試探」你深淺的。我常常被激怒，所以我很明白「內在沒有開關，外在就沒有事件」這個道理。要不是我很容易被激怒，這些激怒事件又從何而來？我更明白，心平氣和時的修養都不是修養，挑釁來了還能心平氣和，才是真道行。這一點，到今天我都快四十三歲了，一直都還是衝動派硬脾氣。這是我的本性，也是老大要磨掉我的部分。祂用心良苦啊！所以找了許多自願當魔王的來試我、激我。

大家看我身為一個心靈老師，骨子裡卻一樣有著極深人性的嗔怒，可能會好奇和懷疑。這很正常，我也不須解釋。因為我本是人，有人性面是應該的。也正因為我是這樣的人，又被賦予這樣的角色，而在他人眼中有了衝突與違和感。這衝突感也帶給我自己更多的觀察、覺照和省思。我自忖現在的自己已經和多年前大相逕庭。

儘管如此，對於這樣的衝突感，我內在依然交戰。這衝突感突顯於外，有好有壞，有人愛有人恨。愛你的不一定真的懂你，很可能只是投射伴隨假設。恨你的會鑽山打洞地試探你、挑釁你，然後看你被激怒他就樂了，樂在「你也不怎麼樣」所以「我也不差」的滿足。嫌你擋道的，甚至會來陰的，用黑魔法企圖幹掉你。當然，這些她的追隨者都不會知道。

彷彿我找不到一個真正的平衡點來放置我自己和我的角色。我總是容易傾斜，無法把這兩者融於一身。即便做到自在融合，面對外境的各種魔王，又是另一番考驗。修行對我最難的，不是找到天賦或是展現靈性，而是對治本性。我老是說自己本性駑鈍愚蠢，莽夫一個，我是說真的！這些年，本性如果沒有獲得各種神奇力量的疏導和挹注，我可能已經自毀八百遍。能有現在這樣控制得住的心性，我已經感到自己很不簡單。

也許最好的靈性老師就是必須走過最深刻內外在的衝突與磨合，走過刀山險峰，走過踢館討招和陰險毒辣。因為來找你尋求幫助的人，也都正在經歷這些，你不經歷更巨大的歷練就無法體會，不能超越這些就無法協助；少了自己努力面對與突破的經驗，就不能明確的提供指引。可能我過去與現在的反差實在太大，老大覺得我進步得還可以，所以還讓我有點能力告訴你可以怎麼做。是指引，不是對治。靈性老師能用自己的經驗去告訴你可以怎麼做，但是不包解脫，也不替你扛人生的責任。

責任，我解脫不了，所以也幫不了你。能幫你的，是我面對挑戰、魔王的態度與經驗心法。參加過我工作坊的夥伴都知道，我最常舉自己的經驗作例子。是因為我總是在生活裡面跌倒，又在痛苦中處處觀照、學習、領悟。因為太痛了，不想痛很久，也不想好了之後忘掉，然後又再痛。如果痛得次數必須多，那就表示一次痛不夠。偏偏，我的人生之路和個性，帶給我的是痛、很痛、一直痛。所以我有一身看出痛苦和面對痛苦的撇步。

拿掉痛苦那是神佛的事，對治痛苦卻是你自己的責任。我是人，最多幫你找到面對和處理痛苦的方法。解決根本問題的關竅要靠你自己，正如同我自己也有我人生的課題要面對一樣，你再慈悲都替不來的。

我是一個不完美的人，有很多缺點的人。我也是個不專業的靈性老師和半路出家的寫作者，同業口中那個「不怎麼樣」的傢伙。所有市面上厲害的那些招法我都不會，也都不用。我不會給你安慰劑欺騙你，也不會讓你依賴光與愛；也不會教你曠時費日地剝洋蔥皮，我會叫你負責任地一刀劈開洋蔥，把人生看個明白，讓你知道裡面是空的，但是我會陪你一起流眼淚。正因為我是以不完美之身、不完美地經歷過，所以值得你來與我共濡那一份過程中的領悟。

這是我真心的剖白。

眞正明白「眞實」與「空性」的力量，就不會拘泥受制於二元的各種衝突狀態。這不代表「沒有衝突」，而是切實地認知衝突來自自我內在。一個願意老實面對自己內在的人，不會在意他人的「不完美」和「缺點」，除非他只企圖投射某種想像，然後期待你來滿足他。一個如實體認到人生根本沒有「理所當然」這回事的人，就會放下對外在的不平、不滿和抗拒。他會清楚地明白，沒有誰「應該」要如何待人或做事，也不會用「我以爲」、「我認爲」的主觀去強加他人。一個人要是如實知道一切與生命有關的「苦」都是正常的，那麼就會對偶然得到的幸運更加珍視。

✧成就的「槓桿原理」

祢知道我總是被問「我該如何……」，這世界有太多人尋覓著成功、快樂、富裕人生的「方法」。

你要問的是「桿子」吧！世人求的是「能力」，和「獲得能力的方法」。我的答案永遠不是「方法」，而是「方向」。只要初衷的方向對、態度對，宇宙之心會形成自動的導引，幫助你超越因果業力的影響，去發現或創造出方法來達到「成就」。我不用「成功」二字，原因是「成就」的範圍和彈性更大。不是每個人對「成功」有渴求，但人人都需要某種程度的「成就」。

如果「初衷」的方向不對呢？

根據宇宙之心自動導航的系統，不會有「不對」的初衷，但確實有一開始就會讓人繞路的決定，多半是人在頭腦的導引下，受趨樂避苦的欲望所引導出來的決定。

所以「趨樂避苦」是不對的嘍？我以為這是天性。

天性？眞正的天性是沒有苦也沒有樂的狀態。眞正的天性存在於語言出現之前，出現在標籤與分別之前。那是天之所賦，人之所本，不是你們現在「自以爲是」的狀態。眞正的「天性」往往會在你眞正放鬆，就是既非快樂也沒有痛苦的時候被發現。你有多久沒有眞正地放鬆？

真正地放鬆？

是！眞正地放鬆，我不是指形體上的放縱滿足或是感官上的欲望，我說的是身心安頓。當你們工作時、吃飯時、趕路時、睡覺時，甚至是做愛時，你們眞的踏踏實實並感到身心安頓嗎？

坦白說並不常！我即便看起來平靜，但多半腦袋瓜子依舊轉個不停，總是想著怎樣才能更好，思維在過去與未來當中穿梭，老實說我根本經常忘記了有當下的存在……

如果你心神渙散忘了當下，你其實根本就不存在。**你們以為當下是Here & Now，更正確的說應該是Here & New。「Here」就有「此時此刻」之意，專注「此時此刻」就能在當下新生**，而過了「此時此刻」一切便成舊事，舊事是已經過去了的「不存在」之事，別無覓處。除了讓它過去，你別無它途，因爲時間在你們的認知下，終究是不可逆的。事情已過，心卻過不去，這造成你們生活裡無端的痛苦煩惱。所有的煩惱都是跟自己過不去，說穿了是自己的心量窄，不是無法寬恕他人，就是無法寬恕自己。

但祢給了我們「記憶」，就是這玩意兒讓我們記得一些早該忘掉的事。要怎樣才能忘掉過去的不如意？要怎樣才能更好？請不要再告訴我「一切都是幻象」這類的籠統說法，我需要一些真格兒的！

人的一生，要說不曾留下遺憾，是沒有的事。**遺憾是願望的未實現，而不是對錯誤的後悔**。後悔的人不該遺憾，該遺憾的是沒有寬恕自己、也沒有得到寬恕。最遺憾的是一生的歲月都忘了面對、忘了承認。遺憾的人不該回頭，回頭弭不平憾事。很多事過了就是過了，很多決定做了就是做了。過不去的是自己的放不下和不願放。誰說人生一定得怎樣呢？得不到的愛、追不到的光環、要不回的錢，跟你與生俱來該有的快樂與天然，哪一個重要呢？我們都被世界綁架，對制約與匱乏上了癮，忘記了活著的目的。

大口呼吸吧！這是生命的第一個責任，也是最重要的一個。除了呼吸，你不能是別的，也不需要是。**繼續呼吸吧！這是你在多舛的命運和多變的世間中唯一能夠掌握的控制。活著，你才有本錢可以變**。永遠告訴自己：這一切只會讓我更堅強！

我當然知道快樂與天然才是重要的，但就像是「知道」錢生不帶來死不帶去，還是會被錢搞到生不如死，生死疲勞……

過去的事不能由我拿掉。既然是你拿起的，自然也要由你放下。當一個人眼下的狀況轉危爲安，對於過去的不堪就較能釋懷。要是每況愈下，那麼過去「記憶」裡所發生的事，就很難不成爲他怪罪的對象。但一個人會每況愈下和誰有關？你已經明白一個人現狀「如何」和未來「將要如何」，只跟自己的心念有關。如此看來，「記憶」就不會難以控制，比記憶更難控制的其實是你們的心念——那個「支點」。一個對過往的不堪念茲在茲的人，完全沉浸在早已不存在的悲劇裡，除非他受夠了悲劇，自願走出來，他才會看見，原來眼下其實也沒那麼慘，仍有諸多資源可以協助他重新創造。

「選擇遺忘」和「交給時間」一樣都只是治標的作法；治根之道在：從過往的不堪當中找出利基，重新給予事件正面的定義。要明白生命中沒有什麼已經發生的經歷是不該發生的，前提是，事前你是否盡人事？若人事已盡，那麼剩下的就交給老天吧！對一個問心無愧的人，過往的不堪從來不該成爲未來的阻力，而那份不堪也不會太長久。

祢說的就是「全然接納自己生命中一切的發生」，但若是那人問心有愧呢？

原諒自己，你才能重新找到力量，修正後再出發。

原諒別人容易，原諒自己很難。

你是認眞的嗎？依我看，你們正是因爲難以原諒自己，所以也不願放過他人，不論他人做過什麼。你們難道不知道，只有弱者才無法寬恕而且經常發怒？格局更上一層的人知道，沒有能傷害他的，根本連防禦都不必，自然也沒有寬恕的必要。

是因為先有這樣宏大的「格局」，才無法被傷害；還是因為知道其實無法被傷害，才會產生「大格局」的原諒？

領悟出前者的人，屬於先知先覺型，他們有堅強的心靈，也無法被傷害，因爲格局使他們凌駕九霄之上，傷人的箭所不及，他們多半會成爲一個開創者；這一類的人並不多，但只需要幾個，地面上已經會大大的不同，因爲他們具有強烈的影響力和執行力。後者屬於「眼見爲憑」的人，這樣的人數衆多。「選擇」作爲前者或後者，可以決定你今生的方向和路徑。

「選擇」？誰都會選前者，但要悟出這樣的格局並不容易。任何受過他人傷害的都知道。

這正是「眼見爲憑」的多數人何以平庸的原因！他們寧可忘掉格局，也要記住傷害，將自己的心局限在方寸之間難以超越。如果你已經做出眞心眞意的選擇，你會因爲不容易就退縮、就放棄嗎？要是我承諾你「但凡你決定所選擇的，只要堅持都會達成」，你還會放棄嗎？如果你知道承擔高飛的痛苦可以無限擴大視角和心靈，你會堅持嗎？還是放棄？

人們會爲「放棄」找尋許多理由，不是因爲害怕，而是因爲這樣比較容易。人們總是傾向尋找最小阻力解，在人生裡便宜行事。但他們都搞錯了！寬恕和原諒不是難易的問題，而是利益的問題。很多人都搞錯了！

✧「寬恕」與「接受」是利益的問題

利益問題？

是的！你只需要問問自己，如果我選擇不原諒，對誰有利？你很快會發現，一旦你作出了原諒與放下的選擇，你就會輕鬆許多——你不是便宜了「對方」，只是放過自己。而這份輕鬆會表現在你的面容與行事上，進而在這世界上投射出你想要的結果，不論是人際或是財富。相對於那些仍無法原諒的人，這樣的練習也是有用的，他一樣很快地會注意到，原來關鍵是：他一直深深地抓住自己心靈的某一處而不肯放手。他會明白，開關和選擇都在自己身上，剩下就看他的決定了。

我想這樣的明白對任何人都大有好處！有時候我們的心胸似乎狹窄到連自己都容不下，卻妄想著要擁有世上最豐盛美好的一切。

你們不是容不下自己，相反是有太多的自己。用佛家的說法叫做「我見」、「我執」。當你在一切的事情中只看到自己的想法、只聽到自己的聲音、只說自己想講的、只在乎自己的利益、只擔心自己的不便……心中充塞著這麼多的自己，填滿了的心門要怎樣才能容納更多來自宇宙的豐盛？可以想見，一個眼中只想到自己的人，在人生之路上必定會遭受到許多的阻礙，因爲有太多他想要的，都在他人身上。而一個充滿我見與自私的人，只會持續活在悲憤與不滿的現狀裡，這樣的現狀讓人難以靠近，更別提與他分享。

當人們問：「我要怎麼樣才能更好？」答案就在你們的原始初衷裡。「自私」來自於匱乏心態，而匱乏不是宇宙的狀態，那是你們後天習得的。找到你們最內在原始的善與愛，你就會知道，**唯有「讓別人更好」才是讓自己更好之道**。善與愛的流動其實就是能量與資源的流動。對一個已經這樣做的人，根本無須問：「我要怎麼樣才能更好？」我將會傾倒財寶在他的居所直到滿溢。

每天有多少人努力工作的初衷，就是為了讓自己過得更好！

二元世間的「追求」與「行動」就只會帶來屬於「二元」的收穫，不管轉幾個彎，最後都將在二元世界顯現，這是最簡單的因果，但仍舊屬於二元。如果你們將意識擴大到更高層，你們會看見另一個不可思議的世界，這個世界你甚至不需要刻意地追求或是行動，一切與你相應的，都將被你吸引。

如何將意識擴大到更高層？

這不是如何的問題，這是意願的問題。你們只要願意，都能立即擁有如神般的格局，用一種無私、無我、無分別的態度去面對生活，「我見」、「我執」的副產品之一便是恐懼和匱乏，隨後而來的便是比較和計較，因爲擔心會活不下或活不好，開啓了諸般的戰鬥爭奪，不論是對環境還是對同類。因爲有一個「我」的看法，這看法把你們牢牢地綁在二元的層次，無法超脫。

但祢又曾經說過，要先為自己。

不要斷章取義，我說的「先爲自己」是先將自己照顧好，並沒有說你不該分享與協助他人。這世界的資源一直都是足夠的，我不會把你們放在一個匱乏之地，但你們的心卻使自己匱乏。只要心是豐盛的，到處是流奶與蜜的應許之地。

一個人若是完全地無私無我或是完全地自私自利，在祢看來都是好的嗎？

對不起！我的天平向來是公允的，偏向任何一方的說法都不是我。在你們的世界裡無法「完全」，這是設定的問題，「完全」只處於「絕對」的「狀態」。你們當中有誰不是有時善良有時自私？又有誰不是有時大是大非有時小奸小惡？你們必要在二邊擺盪。

如果沒有善良，你們不會明白不善是什麼；如果沒有自私，你們不會了解無私的崇高；如果這世界不是幻象，你們不會啓程去發現眞相。這二者在你們看來或許是相對的，但卻一點也不矛盾，正因爲這樣的「二元」相對才成「一個」世界，正是因爲這樣的「矛盾」才有平衡。但你們多半注意到的是「二元」而非「一個」。

不！我們知道！我們知道我們是「一」，我們全都是「一個」！

不！你們不知道，你們要是眞的知道，就會在行爲上表現出來，目前看來只停留在腦袋的意識上，歸於「知識類」，偏偏腦袋是最不可信任的「工具」。

你們因爲看見或讀到某些知識，於是你們說「我知道了」。「知識」之所以讓你們滿足，是因爲，在這二元的世界裡，你們擁有知識就能掌握人生的一切，直到某些事件使你們失控的那個當下，才會驚覺原來「知道」的一點都不管用。因爲任何「知道」的知識若不能眞槍實彈的應用在日常生活和人生裡，充其量不過是繡花枕頭，一堆表面好看的文飾。**「知道」只是圓的一半，用「行動」去活出你知道的，才「完全」了另一半。**這就是我剛剛說的「狀態」，你們有些人稱「次元」，所謂次元不單單是你心靈和頭腦意識的狀態高低，還包括是否用行動去「活出來」。你難道沒聽說過「沒有行動的信心是死的信心」？

我知道「信就是所望之事的實底，是未見之事的確據」，《聖經》上讀到的。

是的！你們如此「深信」你們學習而來的「知識」，卻不能落實於行動。如此與不信何異？又如何能在未見之事上獲得確據？

我想我們不是不願意去落實，而是我們有太多的牽絆與包袱。生活裡許多的外界紛擾，在在都讓我們難以將「知道的」完全應用出來。但我們是真的知道……

只是做不到？請你再重新讀一次你上一句寫的，你認爲那是眞正的原因還是只是藉口？

我想都有吧！我承認有部分是藉口……

百分之百是藉口！任何時候你選擇將原因歸咎於自身之外，都是藉口，而找藉口成了人類逃避所該面對的最小阻力解。但生命的責任不會因此輕省，因著藉口而推遲，只會讓面對功課的阻力益發艱鉅。不用找藉口，讓我來替你說吧！你們之所以無法落實，是因爲，有太多與靈性有關的知識一旦與現實生活碰撞，就出現了矛盾，搞得你們不知道該遵從哪一個，如果不是窒礙難行，不然就是走走停停。

確實啊！所有的問題真的只是在內在與外在的矛盾。這兩者難道沒有辦法合一嗎？

靈性裡矛盾的發生來自於與自由意志發生衝突。靈性知道要無條件地接納承擔，自由意志卻告訴你，責任不能無限上綱。靈性知道要表現眞正的情感，但社會制約卻不允許經常性的眞實表態。靈性知道在愛裡要溝通了解，但實質關係卻總是碰釘子。靈性告訴你要做自己，但做了自己又會傷到別人……

我的孩子啊！你們可能以爲這些都是衝突的，事實上一點也不！它們是互補的。地上的生活裡要是眞的沒有這些你們所謂的矛盾，你認爲要如何修習關於合一眞正的功課？有境才能修啊！要是世間沒有矛盾，你們也不需要在此了。如果這些矛盾是個無解的問題，那眞正的答案就在面對與接納這些矛盾裡，然後去尋求處理這些矛盾的方法。

祢能告訴我們這些方法嗎？我知道有許多靈修人困在這些矛盾裡。

眞正的智慧在於，明白何時該使用靈性法則、何時該使用二元規則。要知道靈性無所不包，二元也含括在其中，二元的模式也是靈性法則之一。因「有知」而接受二元制約，和因「無知」而受二元制約不同，前者因爲對矛盾的「存在之因」和「結果」了然於胸而能免於苦，後者則深受矛盾的影響並繼續複製同樣的矛盾輪迴。

了解會帶來力量，既然你們處於二元狀態，必然受制於二元的制約。靈性可以協助你們解開的二元制約裡，並不包括二元本身，意思是，**靈性改變不了世間二元的狀態，但靈性可以使你在二元狀態中活得自在**。透過充分清晰地了解和修煉，甚至可以讓你的意識經常地脫離這二元的狀態，只是你仍舊得回來繼續面對二元的制約，因爲你身體仍在這。這些只限於個別的人，對不達這狀態的人來說，這世界的二元依舊繼續，日子沒有什麼改變。

所以說靈修經驗是極為個人化的道途，不足為外人道？

沒有錯！最有意思的是，不會有兩個人的靈性經驗是一致的，因爲每個人的靈性經驗仍受個別的生命藍圖與生命歷程影響，包括文化背景、情感、情緒、價值觀，甚至是偏見。所以不要輕易否認他人的靈性經驗，因爲你不是他；相同地，也不要輕易否定自己的。

不要老是用自己的腦袋把殊勝的靈性訊息擋駕，不要再否認自己內在具有靈性的潛能。當然，也不要過度地自豪靈性經驗的「特殊性」，或自以爲是地對他人的靈性經驗下指導棋。一個眞正活在靈性裡的人明白中道的重要，而中道也會成爲高度靈性覺醒者的自然狀態。

不能下指導棋，那老師要怎麼做？

只在被詢問、被要求時這麼做，而且是技巧地、不落痕跡地，讓對方以爲這是對方自己的領悟。如此你能免於好爲人師的批評。一個眞正的老師不會好爲人師喋喋不休，也不會刻意展露自己的特殊性。一個眞正的老師是讓學生成功找到自己內在的老師。他雖被稱爲老師，卻只以引路者自居。

所以，主動地提供所知和所能給對方，就是不正確的囉？

要是對方沒有表達他有這方面的問題，也沒有呈現出有需求的樣子，只是一個正常的人。你認爲對一個其實是正常的人去表現你的所知所能，不叫刻意嗎？又能不讓對方感到好爲人師嗎？這種表現只是想突顯自己罷了！只有內在能力不足而且嚴重擔心他人對自己懷疑的「老師」才會這樣主動。眞正的熱心是不會讓人感到不舒服的，若讓人退卻，多半那份熱心不是過了頭，要不就是不單純。

✧平衡的中道

中道……

是的！中道，我敢擔保，當你用不偏不倚的中道作爲行事爲人的標準，會使你們的路好走許多。

這並不容易，我們總是有偏見，偏見存在每個人心中，最要命的是，持有偏見的人都不認為那是偏見。在這樣的情況下，我們如何才能創造更好的生命歷程？

不要對偏見有偏見，即便是偏見偏執也有其存在的用處。許多人的成就正是來自於獨一無二的偏見偏執。在避開自己的偏見偏執的同時，學著去理解他人的偏見偏執。你不一定要接受，但一定要能理解。你問：「如何在有偏見偏執的情況下去創造更好的生命歷程？」聽起來這像是積極進取的一個問題，但要注意的是，人們的偏見偏執裡面，有多少對眼下現狀的不滿或扭曲？

偏見偏執不可怕，可怕的是對「不滿」與「匱乏」的認定。是的！我說這是偏見，它從來不該是正確的認知，因爲宇宙並非如此，你的生命也並非如此。一個無法看出眼前當下的資源與優勢、常懷憂憤不滿心思的人，根本無心、無能去分享任何一點有形或無形的資源，又要如何創造他不存在於未來的「更好」？

偏見與偏執的形成往往來自不恰當的觀念，而不恰當的觀念又來自其成長背景。例如：一對有「粉飾太平」性格的父母，很難培養具有誠實人格的孩子。而且他可能會有對「任何人」都不誠實的偏見。

你像是在說「小偷眼裡每個人都會偷東西」。你只舉了一個例子，事實上人性裡可能產生的偏見太多了！很難一一列舉。但有一個方法可以對治他人的偏見偏執。

是什麼？

「看著是好！」也就是完全地理解與接納對方。認同對方會有這樣的觀念與想法，必定是有其背景因素而給予接受。在接受的前提之下，去和對方溝通、互動，才有辦法深入內心去化解這些偏見偏執。有多少的爭執、攻擊是來自於你看出那是對方的偏見偏執卻不接受？

也有可能根本是我們自己的眼光偏了，所以看出去的都是偏見偏執。

你懂我在說什麼了！所以到底偏見偏執是在誰身上？由誰發出？自己戴著墨鏡卻說別人臉色暗沉。看見別人的臉色卻看不見自己的眼睛兩團黑。

所以這時候你說的「中道」又發揮作用了，它讓我們的眼界不至於偏差，行事也不會乖張。謝謝祢！神！

*

你這個人哪！

爲什麼總是虛僞呢？

嘴角和眼神藏不住的洩漏了心眼，

難道不知道天地正默默注視你、洞悉你嗎？

你終究能逃到哪裡去呢？

戴面具的人哪！

停止一切的目的性吧！

難道你看不到自己身上的刺？
最終是會傷你自己的！

動刀的必死在刀下，
凡不義的目的只會帶來不義的結局。
休止吧！
讓孩子般的眞善美重新流回血液，
找回那遺失已久的眞誠。
愛你自己～
愛人如己～

認識自己

網路上常看見有人自殺的消息。生命裡的酸甜苦辣讓許多人熬不下去，無奈之餘選擇輕生；而那些沒這麼做的，如果不是在宗教信仰裡尋求慰藉，要不就是如行屍走肉、宛若槁死的活著。要是有一個什麼方法可以讓人明白生命的價值和應用的方式，人生就算不能飛翔，也可以不必悲苦，不是嗎？

他們都還在找尋生命眞實的本質。要是日常柴米油鹽、做人分際、職場倫理、靜默自省等「入世」的功課都未臻完備，卻想著逃離這些惱人的紛擾而遁入宗教與靈性，無異於本末倒置、緣木求魚。這樣的「逃避」心態和自殺者沒有兩樣，只是晚點埋葬而已。人生許多事都無好壞，端看解釋。人無對錯，端看態度。

✧生命的本質

生命真實的本質是什麼？

「眞實的因」無法藉由外在顯明，所有的「眞實」一開始都在你們心中形成。你們的內在平行世界投射出了「你的外在世界」，內在就是「眞實」的發源地。被投射創造出來的世界不眞，投射的源頭才是。只是很多人都本末倒置，拼命向外在尋求解答。

我說過你們是神，這神就是你們強大的內在力量——那平行世界裡創造的力量，這份力量的展現藉由「相信」而成眞。「相信」是宇宙間最偉大的投射，也就是之前提過的「支點」，「凡人心所能想像並相信，就能投射於外顯明成眞」。腦袋只是「相信」或「不信」的執行者而非發源地。沒有一種成就的出現不需要相信的力量，所以頭腦原先的設定都是「相信」的，尤其你會注意到孩子總是如此。懷疑是後天的學習，懷疑的次數多了，就變成頭腦的自動程式，這是成人的狀態。

若要成就未成之事，則需要某種程度的自欺，好騙過你的腦袋，忽略執行「自動懷疑」的程式。尤其是創新之舉，尤其是驚人之作。很抱歉要你對自己說謊，這種情況下允許欺騙，目的是騙過那可能讓你人生停滯的懷疑程式。在「成功的經驗」出現之前，你能倚靠的只有「相信」，而「相信」也是你唯一可以自行掌控的。

凡你所能相信的，就是唯一的真實，而所謂的真相，也不過就是個人的解釋。例如當有人對未來的「人生方向」有著諸般考慮、萬般煩惱，不知何去何從時，先給自己一個「定位」

吧！一個沒有給自己定位的人，是不會有地位的！

什麼是定位？不只是目標，是對自己的認定。你認定自己「是」什麼，就是你給自己的定位，也是你自己所認定的關於自己的眞相。而你過往的經歷、興趣、能力搭建出的平台，則是你發揮的舞台。舞台如何搭建，則是創意的展現。沒人規定你一定得在怎樣的舞台上表演，所以在這舞台上，先讓自我感覺良好的去表現自己的定位，直到你撐得夠久，在別人眼中的「專業形象」就會出現。

但懷疑似乎成了我們自動反射的機制了……

如果讓你們「相信」是如此困難，那就告訴自己「我不懷疑」吧！畢竟「不懷疑」已經等同於「相信」。如果你同意「相信」的背後是愛，我想你不會否定，愛就是解決懷疑的答案，愛也是化解二元對立競爭的有效方法，愛是包容的力量，將正負、陰陽合抱爲一。

因為「神是愛」，所以神可以包容所有人世乃至宇宙所發生的一切。

正是！爲你們定罪的都是你們自己。即便上帝不爲世人定罪，世人的眼光和舌頭都已經比上帝還要嚴苛。

我永遠不會忘記，當我感受到被祢完全的愛所包圍、所理解、所接納寬恕時的感覺，那簡直就是一種全然的放鬆，打從靈魂裡湧出的放下和喜悅。只是往往不多久，又回到人間的戲碼……

你隨時可以回到那樣的狀態，任何時候只要你肯。

祢從不懷疑我？

從不！孩子！因爲我無法懷疑我自己，你們也可以做到這樣。不論對自己或對他人，你們對外許多的懷疑，其實都可以反推是對自己內在力量的懷疑，也就是對「愛」的不信任。你們不眞正愛自己，就無法眞正地相信自己，內在無法相信，就無法投射於外展現自信，於是讓你們說出許多習以爲常、但卻削弱你們力量的話語。但你們知道嗎？人人內在有個不可欺騙的神識，話在出口前自己最先聽到，你無法對自己說謊，說謊的人永遠自己最先知道。

你們的信心就體現在你們對自己說的話上，你們太常用語言削弱自己的本能與天賦。其實，「對自己說的話」就能「道成肉身」使之成眞。「說」若在「事」未成之前注入足夠的相信，相信到「本該如此、豪不懷疑」的程度，就能引導成事的能量，匯聚成事的資源，往你所「說」的方向前進，不管是正向或負向。

看來話語不只可以造業，還可以造命造運。

聰明的你懂我的意思，人們並不知道「對自己的說話」就是在對生命下指令去創造自己的命運，他們以爲命運受制於外在的條件。而你的存在是爲這樣的祕密做見證：讓人們知道他們可以「是」自己命運的創造者。你包括所有人和我的合約一直都是有效的，問題在於你們太常隨便說說，輕忽了話語的力量。當然，這樣話語也就不再給予你們正面的力量。你們把「我知道」、「我相信」當作有口無心的口頭禪。**一個心靈能量達到「話語成真」的人，往往也是慎言的，因著慎言而讓語言更具威力。**

耶穌曾說：「說你的罪赦免了，或說拿著你的褥子起來回家去吧！哪一個容易呢？」耶穌是道成肉身的行者，祂的話語帶有能力。

作爲一個人，耶穌是個證據，爲要顯明人子在地上有赦罪的權柄。然而誰是人子？你們各個不都是人子嗎？你們具有和耶穌一樣的身體與靈魂，吃一樣的餅走一樣的路，每一個人子都是神的小孩。當我說你們每一個都是「半人半神」的存在，你們願意相信嗎？如果神不能讓你相信，那麼你問問最內在的那個無法自欺的神識吧！連你自己也無法否認「精神力」或是諸多生活裡被你們稱之爲「奇蹟」與「巧合」的存在。這不正是你們具有神性神能的證據嗎？但你們把這些偶然事件歸諸於我，卻不知道我亙古以來早已與你同在！

耶穌或許能讓癱子拿起褥子行走，但你們也都具有赦罪的權柄啊！你們問：「父啊！我們能赦免誰呢？」其實這世界沒有哪個別人需要被你救贖，你唯一先需要赦免的人就是自己，一旦你能徹底寬恕自己，你就能在別人身上找到值得寬恕的理由，也在內在產生放下的勇氣。你們在天堂前都太看輕自己，在人前卻又太執著自己。凡在人間不執著於自己的人子，在天堂前就必被看重。

原諒自己和原諒他人哪個容易呢？

讓我用問題來回答你，建設自己和建設他人哪個容易呢？「你要保守你的心勝過保守一切，因爲一生的果效是由心發出。」這經文是你們知道的。一個人若不能裝備自己，就無能齊全他人。一個能夠原諒自己的人，必定也能在他人身上看見寬恕與接納的理由。這二者沒有誰容易，只有先後，而總是必要從自心發出。意願就是最後的答案，這個答案也適用在你面對人生的責任和目標。當你說「我願意」時，必有聖靈如鴿降在身上，保你一生的果效。

確實！寬恕了自己就能找到寬恕他人的理由。只是對一個眼睛已經習慣向外看的人，很難要求這一點。我們總是容易在周圍看見許多不能接受、不願寬恕的人與事。尤其是發生自己被惡待或是社會上出現不公不義的事情時，每每只要想到，心總是糾結著，寬恕好難啊！可是承認這一點，又好像公開自己做人失敗……

沒有誰是失敗的，只有心不平的人。一個心中對某事存有不平的人，不一定會、或不一定能針對使他不平的事情去發洩或表達，於是只好在後面的日子裡讓情緒移轉目標，因爲心境需要平衡。這些「不平事件」往往是在人生的過程受到了不恰當的對待，例如童年被遺棄、虐待的經驗，或是情感上被惡待、不忠的記憶。也或許，只是曾經在小學時某個同學跟他借橡皮擦沒還，諸如此類的痛苦和不愉快的經驗，累積出一個又一個的心靈炸彈等待引爆。這顆炸彈持續在心中壓抑著，等待著一個引爆點，心靈也在藉著它找到一個可以發洩的機會，於是很可能當他看見社會上或自己身邊某些不公不義的人與事，就急公好義了起來（特別是和他記憶中的「創傷事件」相關、相應的事）。

有些這類「好管閒事」的人清楚地知道，自己只是在借題發揮去發洩，有些則是早已忘記或是不承認，自己其實是在心態不平衡的情況下去「好管閒事」和「急公好義」。有智慧和自我覺察的，會用一些「建設性」的行動去管這些「閒事」和「公義」。

其實一個人一天到晚不爽這、不爽那，不論說的、論述的，多在理、多合邏輯、多符合社會正義，都正在說明自己其實並不快樂。一個快樂的人並不是不會去注意到這些讓人不爽的事情，而是他們有更多在表達上的選擇。有的是輕描淡寫，有的是不予理會，有的則是化作一抹嘴角的淡笑，但絕不會視而不見。社會上不公不義的事情多了！政治上的、政策上的、交通上的、人際裡的、職場上的……說都說不完！夠你罵上幾輩子了！你會發現罵到最後，只會讓自己更不爽，然後對社會、對人世充滿了悲憤與無奈。

平行宇宙總是「如實」反應你的內在，如果內在就是由不爽起的頭，外在也只能用不爽來結束。「開關」其實根本在自己身上。「事件」，只是投射。罵，也只是在發洩。就算那事件得到改善，你還是得繼續找別的事情罵。因爲內在讓他不快樂的開關一直開啓著。「內在沒有開關，外在就不會有事件」。很多時候不一定是我們自己的開關「吸引」到讓你不爽的事件，更多時候是我們自己會去找發洩的機會。只是，你可以否認或是忘記自己其實是正在發洩，或是不承認自己需要發洩。

「若真修道人，不見世間過」，我想，只要我對人間還有是非對錯、公義與否的價值觀，就不是一個圓融的修道人。以前我總以為：難道修道就一定要讓自己是非不分、不問青紅、不問世事、獨善其身嗎？後來發現並非如此。修道人也是人，自然還是有人間的是非黑白價值觀，也應該遵照這個規範走。只是他更明白：「天地之間有陰陽，人世之間有善惡，我可以選擇的除了善的行為以外，更重要的還有面對諸多的『惡』尋找出『善』的表達之道。這樣一來，善惡就只是一體的兩面而沒有分別了。」

正是如此！但對善惡與寬恕、放下的認識，你們可能沒有自己所以爲的崇高，多半還是在「我見」、「我執」的狀態下去行使善惡與寬恕，也就是分別心。《聖經・創世紀》裡的亞當、夏娃吃了分辨善惡的智慧果，於是就有了分別心。分別心被包藏在象徵「智慧」的蘋果裡。《聖經》說這是人一生中的「原罪」，其實那不是罪，分別心是人間修煉的課題。神要看的正是我們能否用分別心的智慧去分辨並運用善惡。畢竟這兩股力量猶如日月，總是相伴相輔。

常常，我們所謂的「會做人」，依著分別心是有選擇性的。面對你喜歡的、有益的朋友或夥伴，我們很容易敞開並且友善的互動；但面對你討厭、價值觀不一樣甚或是傷害過你的對象，我們很容易給予完全相反的對待。畢竟我們很少人能做到「打你左臉，迎上右臉」，你很自然會討厭並且遠離後者，因爲那不只是人性，還是所有動物的天性——就連狗都知道要遠離會傷害牠的人。

就靈性的角度來說，其實沒有什麼是「眞實」的，自然也沒有什麼是「不可原諒」，就算你一直放不下，最後也會被歲月抹去。要知道，宇宙之大，地球不過是如奈米般的塵埃，地上的事再大也不過是塵土之末。但在二元世界有二元世界的規矩，「原諒」跟所有事情一樣需要時間。很多時候，我們其實還沒準備好要原諒對方，那是我們自己的功課；即使我們準備好，對方卻可能尚未調整心態或修正。這時候只有允許各自往內心做功課，一點也不需要憋屈了自己。

看來祢完全明白我們活在不能寬恕下的痛苦！

這樣的情況下光只是叫你「寬恕」，是不同理也不人道的。孩子！只要你沒準備好寬恕，就留在你原來的位置，甚至不需要接受對方強迫式的原諒請求。這不代表你心量小，你只是把這議題交給時間和空間，然後做你自己，也允許對方有機會走他的道途。若對方因爲這樣而說你不懂寬恕、沒有器量，那麼他正企圖給你二次傷害！也說明了他只是爲了讓自己心裡舒坦些而請求原諒，並不是眞心的懺悔改過。

懺悔改過，和請求與期待無關，和眞心有關。有眞心，自然無求，無求的懺悔無招無術，卻能被所有人感動，有招有術的懺悔不過是帶著目的性的跳樑小丑。

祢的意思是：只要我不願意，我就可以不寬恕、不原諒？

我說的是「當你還沒準備好」。面對他人的不當對待，能寬恕當然好，不能寬恕或不想寬恕時也別勉強，轉身離開就好，誰都無須強勉地面對惡待自己的境遇。

如果你恨那就恨吧！但是無論如何，不要報復，連想都別想！「不甘心」是讓自己停留原點的黏滯的膠。

我過去有個巨大的功課是「衝動性的反射」，當我受到傷害，不論是有形或無形，我總是未經大腦的反射性行動，甚至會出現暴力行為，有好多次造成了一些很難弭平的傷害。當然，也傷了我自己。不光是身體，每次衝動的行為之後，我都感到懊悔傷心。尤其是對被我傷害的人，然後我陷入自責，深深的自責。我恨我自己就是那傷害的源頭。

衝動是開創者的啓動鈕。許多開創者都有著脾氣不佳的性格，不過由於他們的能力，人們多半尚能接受。人上之人是有能力沒脾氣，大多數都是有能力又有脾氣。這世界的人上人不多，你也不過是一般人，只是可能被投射了一些光環和假設，讓有心人中傷了幾箭，氣憤難免！

衝動的基因你是拿不掉了，要對治你衝動的毛病，除了把胸襟擴大，別無他法，只有讓使你產生衝動的事件減少才有可能。然而這些事件不會減少，每一次的攻擊出現，都是在提醒你擴大你的心量，你在經過幾次的歷練之後，已經擴大了不少，但是還不夠。

還不夠？意思是我還得繼續被攻擊？我受的還不夠嗎？

在你心境不起波瀾、如如不動之前，這些都會是常態。不是只有你，任何一個稍稍被人看重而浮上檯面的人都是如此。你見過幾個人沒有對手或仇人的？然而我說過，你沒有對手或仇人，所有攻擊你的都是老師，幫助你擴大心量，教導你寬恕、放下。你最後也會明白，時間會成爲他最好的教導者，有一天當他明白自己的不當，不一定會向你致歉，但是一定會有所改變。看淡對方目前的言行，留時間給他改變。

有什麼用？他又不會因此感謝我！可我已經被傷害了！

你不會需要他的感謝，因爲天地已經紀念你。至於傷害，一滴劇毒就算滴到大海去，也不會有害。只要你心量廣大，就一定保你沒事。衝動確實是你的罩門，任何事物都會帶來兩面的結果。這個性格雖然會助你在開創的路上披荊斬棘，但也會造成不少麻煩。所幸，每一個具有衝動性格的人，身邊都被安排著提醒的天使，你身邊的天使尤其眾多，你要珍惜。

是啊！我的女友和狗就是我身邊最大的天使。我還有許多的好朋友，像那位你在第二本書提到的律師以及許多忠實的讀者，都和我有深刻的互動，情同家人……謝謝祢安排他們在我身邊看顧。有時候我覺得，我很不配這個角色，我還有這麼多的缺點需要旁人的提點，還有這麼多的問題需要祢的答覆，但我獲得的已經遠超過我應得的……

孩子！我一定會答覆你的任何問題，只是我但願你是眞心感謝！可能是過往受傷的記憶太深，你很難寬恕傷害你的人，而一直想報復是嗎？思言行決定人的一生是障蔽晦澀或是平步青雲。**思想有能量，能量能決定人生的方向**。一個有報復心的人，其品質充其量也不過跟那位加害者一樣，難怪會彼此共業，被命運送做堆。最佳的報復是讓自己眞正生命的價值彰顯出來，白話地說，就是活得更精采！讓對方那還未啓蒙又善比較的小我相形見絀。當你用一種更高明的方法報復，除了免除了與之一同淪落的悲哀，還賺到自己的明白和更精采的人生。聰明的你會怎樣選擇？

我不聰明，很多時候都不。應該是說，我該聰明的時候常常耍笨，但該裝傻的時候又假聰明！

天才跟蠢材比，倒不一定天才會快樂，當一個總是福至心靈的蠢材也不錯！

老實講，很多身心靈書籍老提「寬恕」，我並不喜歡「寬恕」這兩個字，我認為那根本是違背人性的瞎扯！做不到的事！

你說說看？

寬恕一詞有著高低對位，是神對人做的事，人對人做不到。神不需要寬恕人，因為神本就包容一切。因為人不是神，所以人也根本沒資格去說寬恕，最多只能做出接受、放下的選擇。我認為，找到內在的神性就是朝著神的包容度去學習，從接受與放下開始。因為人的標準經常比神嚴格太多，看看對自己的批判或是對他人的要求就會知道，不是嚴以律己，不然就是嚴以律他，多半是後者。

正因爲你們願意朝神般的寬恕前進，你們才眞正具有了進天國的條件。做爲一個人，可能有時心胸寬大、有時氣量狹小。這很正常，心本來是可以隨事件變化的，無關心量層級。即便心靈能量穩定的人，也會有情緒的起伏。我們要看的是那人的初衷和態度。若是冒犯者的初衷和態度，骨子裡就充滿惡意故意，你可以在心中放下，讓自己好過點，但別告訴他，歲月和良知會對他進行改造。如果你眞的必須要報復，那麽這是屬於修行人的報復。

那就是什麼都不能幹？這不是助長了那些惡行，也間接加深了他們的業力？當我們對他人的不當行為表現得冷漠無感，甚至承受他人不當對待，還要逆來順受，只能不斷地內觀內省……好！我知道祢說的是對的，但是我恐怕很難做到！

你是個嫉惡如仇、很有正義感的人，只是自以爲是的正義，往往容易給自己帶來麻煩。

「熱心」與「正義」對某些正在角落裡進行的陰謀來說，就是對立，你的正義很可能正是他人眼中的邪惡。我們當然要有熱心與正義感，但在事件中如何思維與行動，卻是你可以選擇的。

行動之前請先確定自己的初衷和格局。正邪往往在一念間，而那一念，偏偏是相當主觀的，兩邊都可能自以爲是對的，看對方是錯的。就算自認有錯，基於面子也不願被揭發。人們都願意當好人，卻把壞人的角色給了對方。當對方「見笑轉生氣」，那麻煩就來了。你要知道的是，如果可以選擇，沒有人願意扮演讓人不快的角色，在你憤怒地干涉以前，多一分的了解，就會有多一分的接納和和諧。更何況有許多事情屬於對方的私領域，除非對方開口尋求建議或協助，我們還是在一旁保持超然的緘默即可。所謂的超然不是無感，而是保持關注，但不投入負面的情緒能量。即便決定介入，也要注意自己的態度，不可輕慢與凌駕。

很多人過度熱心的要介入他人的私領域，卻連自己都管不好。先管好自己吧！這世界若是每個人都知道和做到「管好自己」，那也只剩下少許的問題。別人私領域的事讓老天去發落，當你讓自己的意識涉入，也就開啓了共業之門。

✧「矛盾」的價值

每次我聽祢這樣說，我都覺得祢挺自私的，但祢又說我們要關注與協助他人，這中間有矛盾吧？

把自己管好並不意味著自私，更不表示要對他人冷漠無感，當然你應該主動地去發現能幫助的對象並且行動，也應該在收到對方協助的請求後在能力內相助。只是在這之前，你必須先讓自己站穩。弄清「自助」與「助人」的先後順序，以及在「自己與他人」的關係當中平衡的藝術。人與人之間情感與資源的交流，過與不及都是不當，你們耗費在人與人之間情緒的能量比例一直都過高，這對你們創造自己的人生和地上的樂土來說，是一種浪費。

確實！你們身處世界，難免對於人事有著執著與分別。既要運用這份執著與分別，去建立自己在世界上的生存根基，又要藉由認出「這世界最終是不眞」而達到超越，這裡面是有著似是而非的矛盾。

要知道，靈性的領域是絕對的領域，沒有二元世界的分別觀，但是肉體的世界卻有。靈修的人常遇到的問題就是：靈性的許多觀念看似很棒，卻難以落實在二元生活裡；或是要落實卻發現某些觀點造成內外矛盾，使人不知何去何從的在困境中掙扎著。其實人的肉體在世間，受二元制約是一定的，有接受和反對、喜歡和討厭都是正常，讓自己符合二元世界的準則或共同價值，也是必要的，就像一個外國人在台灣，就要遵循台灣的法令一樣。

靈性的觀念都是用在「自己」身上對自己「作功」，一旦涉及外在世界與他人，還得用外在的、眾人能接納的道理。這並不是對自己認同的觀念不忠誠或是對外表現虛僞的態度，而是因地制宜、因時制宜。你心中必須仍是明明白白，清楚自己是怎樣的人，只是暫時配合這個世界舞台「演出」罷了。

聽起來像是：我們得分清楚何時該用靈性的觀念，何時該用世俗的。但靈性不是包含全部，甚至是世俗的也在其中嗎？

讓我用一個例子說明。你們的電腦設備有分高、低階，低階設備若要讀取高階的周邊，需要配備升級，但高階讀取低階則沒有限制（我必須說電腦的設計者挺靈性的）。靈性的世界也是如此，若把靈性比喻爲高階，世俗比喻爲低階，則靈性有著無限制的相容性，自然世俗的一切也在其中。

但世俗的一切決定在「人」，也就是你們。若用電腦來比喻，神是大型宇宙電腦，而你們就像是一個個的迷你版終端機，有著和我完全一樣的複製力與創造力。儘管身處「世俗」，依舊具有這些能力而「自治」著。我設定了讓你們完全自治的可能，但有時我會讓某些人下載「更新程式」，好讓你們能夠繼續的「進步且自治」。重點是讓靈裡更新的程式成爲你們自己每一個人內在的寶藏，而不是總是向外看著還沒被調整的「bug」，而期待靈性的觀念能帶來奇蹟，就像過去的人總等待救世主。

當自己的救世主吧！隨著靈裡更新的人越來越多，地面上的bug會越來越少。一個眞正修習靈性的人，會在靈性與世俗間取得平衡；靈性與世俗若要平衡，自己內在的身心靈要先平衡，然後才能投射出平衡的世界。靈性是爲了讓自己更好，以便讓這世界更美好。一個眞正靈識覺醒的人，絕不會獨善其身。

我注意到有些人因為「做真實的自己」而顯得與周遭格格不入，祢有什麼建議嗎？

「做自己」，不等於可以「喜怒形於色」，也不等於可以「口無遮攔」。沒有人有義務無條件接納你的情緒、爛臉和小我的言談。這樣看似克制的「做自己」是虛僞矯情嗎？那得看背後是否帶著目的。沒有目的和預期地「做自己」，是成熟、尊重、氣度與涵養。如果以爲「做眞實的自己」就是可以自以爲是地批判、攻擊、反抗、傷人，那麼對「眞實」的定義還不甚了解。

「做眞實的自己」意味著對自己誠實，認出自己眞正是誰，並且喜悅地接納著，對人不虛僞也不論斷。一個找到自己的人，知道分別與論斷的權柄不在自己手中，自有天道公斷；如果要因爲「不虛僞」而進行論斷、批判、攻擊，或企圖以「美其名」的方式達到傷害他人的目的，這人仍舊活在假象中。因爲，**真實的人不批判對立面，他從對立面中看見真實的自己，而他將會感謝對方。真實的人不需要改變對方，他改變自己進而活出自己。真實的人不需要征服對方，他控制自己進而精進自己。真實的人不需要刻意展現自己，他已經如是，如星閃耀。**

似乎，祢說的「做真實的自己」就不能對外有反對與不滿，但是反對就是對抗或是抗拒嗎？因為身為靈修者，就不能表達意見嗎？身為靈修者，就該一路挨打逆來順受嗎？

反對某件事就是不靈性嗎？歐！當然不是！你作爲一個人，尤其又是現代人，當然可以透過自己的認知或喜惡去接受或是反對某件事，但多半會爲你們帶來麻煩的不是對「事」而是對「人」。你盡可以對某些公共事務發表個人意見，但你試試針對某人嚴詞批判？對於可受公評的事務，你當然可以表現贊成或反對的態度，但是人具有多樣性與多面性，你不一定眞的了解你所批判者的每一面，因此你的批判就有可能失之偏頗，還不要說可能會引起對方情緒上的反擊。

只對事批判，不對人批判。這是做得到的嗎？我這是在問我自己……我總是默默地承受著被攻擊的委屈，心中當然不可能沒有感覺。

你有答案了嗎？

幾乎沒有例外，每一次只要我陷入了批判自我或他人的狀態，我就像是著了魔似地無限上綱。就像是我的天性如此似的。

事實上沒有眞正的魔，有的只是心魔，心魔的目的是磨心，好讓你透過經歷痛苦而出離。「主觀」與「偏見」的形成來自於心。又因其位不正，而稱「心識之魔」，這就是心魔的來源。

原來「心魔」來自我們的主觀與偏見？

當你對人或對事，心中起了任何的「批判」與「標籤」，便是心魔使然，心魔會合理化自己的存在，自然不會讓你感受到魔樣，但你會因此而不快樂。你可以用自己「快樂與否」作爲檢視心魔存在與否的標準。心魔「投射」自我形象於那相對之人，企圖藉由這樣的投射來「妖魔化」對方，以便「合理化」自己的想法，即便那與對方眞實的樣貌完全無關。

換句話說，不快樂的人們會在內心用投射甚至是假設，把你塑造或魔化成符合他自己內在心魔的樣貌。於是，一個不是你的你，就在他人心中形成了。這樣的主觀儘管與事實大有出入，卻在他人心中固化成型，所以稱之爲「主觀」、「偏見」。

照這樣看來，心魔幾乎存在於每一個人心中、每一個角落。

當主觀與偏見達到一種偏執的臨界點，人的性格就會扭曲變異，他可能因此做出相當教人匪夷所思或是不忍卒睹的事。抱持主觀與偏見之人，多不知或是不承認自己如此，直到該「我執」受到外力強力的摧毀或是自我擊潰，方能有所頓悟，放下主觀成見，於是他的世界開始改變。

或許，對那些已經造成社會動亂和他人傷害的人，他的世界已經沒有改變的機會。我需要提醒自己小心主觀與偏見的產生，那可能會毀了自己。

當你內在產生了對外的任何「主觀、偏見、攻擊、批判、嘲諷、不屑」，當知，與對方無關，乃是內在心魔所致。降伏心魔也非難事，唯時時「覺察」與「觀照」而已。內在沒有開關，外在不會有動靜。內在沒有敵人，外在就沒有別人。

我知道！很多書上都是這麼說。

那不要講很多別的書吧！就說你寫的。你曾經寫過一篇「佛和魔的對話」，我很喜歡。跟讀者分享一下吧！

這一篇我自己也很喜歡！

魔會說佛的語言，於是魔以佛的姿態示現。

佛還是說佛的語言，於是世間佛魔並存，難以分辨。

有一天，佛和魔見面了。

魔說：「我是個人道主義者，以上我說的都是為世間眾生考量的利益之道，能讓他們遵循依歸，獲得渴望的滿足。」

佛不語。

魔說：「你怎麼不說話？」

「我無言。」佛說。「我若告訴眾生這些都是魔話，眾生業重、相念深植必不聽信。還會招你反將一軍，把我也劃為群魔之一。」

「哈哈！你沒說錯！要是你這麼說，我就有十足理由把你當作魔去誤導眾生，因為佛是不會進行攻擊與分別的。」魔說。

「但是，一個不會進行分別與攻擊的人，也往往少言木訥恬靜自處，世人愚昧只識表相與舌花，不知佛為不言者、少言者，而誤入魔窟。因此我才有可趁之機。」魔接著說道。

「所以，要眾生把你這魔除滅，是做不到的，但是他們可以透過安靜與生活裡的領悟，去經歷神性與佛境；當他們一念清靜，一心慈悲，你這魔也無用武之地了。」佛說。

「偏偏我藏得很好，我藏在每個人的心中，我做事時也能不讓他們發現，因為我善於迷惑人心。」魔說。

「有一天他們會清楚，其實你就是那與神性、佛性相左的力量，因為他們會在吃足苦頭後，尋求內在神佛力量的幫助。」佛說。

「那我就化為他們內在的神佛，繼續影響……」魔說。

「是啊！就算我已經說了『若見諸相非相，即見如來』，依然許多人著相。」佛搖搖頭說。

「哈！他們還以為可以見如來佛呢！鬧了半天原來見到我這個佛地魔。」魔笑道。

「你既然已經知道自己是魔，又為何不願放下邪道、行走正道呢？」佛語重心長地問。

「那我反問，你既然已經證悟佛性，又為何不願悅納魔的存在呢？」魔說。

「善哉！佛法無邊，佛能悅納，你安息了吧！」佛說。

於是魔的毒箭化成了朵朵鮮花落在佛的身旁。

「我的轉化因為你的慈悲悅納，但我是魔，我的力量與你相左，世人需要我的引誘才能明白你的正道，你的悅納包容可以收服我，但我要繼續誘惑人，直到他們身心俱疲，終於明白生命的重點不是外相……」魔說。

「所以我們倆一個是『光明師』，一個是『黑暗使』，各有使命各司其職……那去吧！不是每個人都需要佛法的救贖，有些人就是必須要經歷魔道一遭，靈魂會自己找出路。就各安天命吧！」佛說。

佛與魔的對話結束。此後，魔依舊匍匐在佛前，但魔性不改。也戴上佛的面具、說上佛的語言，行走世間尋找可吞吃的對象。

我們不必拿著放大鏡檢視誰是佛、誰是魔，通常這麼做的人，已經先通過魔道資格考了。我們只需要靜默內觀，這是佛的作法，在內觀過程裡，你會看見內在的群魔亂舞。當然，因為你用的是自己內在的力量，你一定可以降妖除魔。

從來沒有別的魔，都是心魔開啟後引外魔。頂天立地正大光明，心念純正宛若赤子，則只見神佛不見佛地魔。

這眞是一篇讓人清楚看見自己內在的佛性與魔性的故事。我將善惡兩種力量安置在你們身上，**善與惡從來不是人性的一種，而是人心的選擇**。性善或性惡說都只是光譜的兩端，並非中道。即便是神，也有可能讓人有感覺不善的時候，但是只有選擇相信、選擇善良的心，可以看出背後更大的智慧並且臣服。

✧知識不是力量

我不認為我可以寫得出這故事！要是沒有祢的提點，我自知沒有能力創作。許多的靈性書籍也是這樣被寫出來。但我必須說，很多人不知道是不是靈性書籍閱讀過量，有些人的思維已經超出了現實，甚至陷入精神恍惚，弄到最後靈性沒有得到提升，連生活都快過不下去。我對這樣的現象很難過。

坊間許多各式各樣的書籍和資訊，要是你沒搞懂「自己」是哪塊料、處在哪個階段，你很容易迷失在茫茫的資訊海中。要是一個小學一年級生卻抱著微積分猛K，還拿著書到處問人家什麼是三角函數，我想任何人都會建議他從基礎開始。

但靈性書籍不一樣，每個人根器不同，道途不同。難就難在自己也不一定知道自己的需求，所以只能東看一點西學一點，導致沒有系統的亂看亂學，徒亂腳步習得的不是十八般武藝，而是不合身的雜牌四不像。但即便是「雜家」，對學習者也有其用處，**在靈性的世界裡，沒有什麼會是白費的，冤枉路上也有寶藏，就怕自己看不到**。這世界上沒有什麼東西是絕對眞理、是最好的，其實於你合用就是最好的。

有時候一門深入還勝過博而不精。樣樣都通卻樣樣都鬆的功夫，行走在江湖上很難經得起風浪。只是在找到最適合你的之前，你得先搞懂「自己」是什麼！不然人生可有圈子讓你兜了。那些讀靈性書籍讀到精神恍惚的人，或許應該先停一下看看生活面，能夠眞實地讓你落地應用的靈性觀念，才是適合這個有肉身的你們。

不論是想表現特殊性或是眞的自認爲特殊的人，也都要按部就班的從生活與心性面開始扎根。勝人者有力，自勝者強！寧可維持無知的單純，好過亂讀亂學，因爲你無法透過書本或是課程獲得淬鍊般的提升與轉變——如果你略過在生活中時時刻刻的應用與覺察。

書本說的是作者的經歷，那是他的不是你的！課程教的是講者的方法，那是他的不是你的！除非你去用……除非你眞正的開始用，你永遠不會知道那些到底管不管用。因爲那對你來說只是「知道」。

「我知道」眞是全世界最可怕的三個字！人們的腦袋裡塞滿了許多無用和用不到的「知

識」，當人們提起時，你都會說「我知道」。就算是充滿奇蹟與靈能的身心靈觀念和法則，也不屬於腦袋的管轄，背誦記憶這些東西，卻不讓祂滲進骨頭裡去活出來，光只會講，那身心靈就一點也不靈！「知道」沒屁用！多得是知道卻做不到也得不到的人。知識從來不是力量——如果它無用或是你不去用！「知道」只是頭腦的層次、小我的知見。距離「得到」還差著兩道……

蛤？哪兩道？

那兩道便是「悟道」與「做到」！從「知道」到「悟道」是最磨人的，也是最重要、最必要的過程，因爲那是將腦袋的「知識」落實在生活中成爲「血肉經驗」的歷程。除非你時時刻刻在生活帶著覺察那些「你所知道」的過日子，否則只是迷迷糊糊地活著，永遠好了瘡疤忘了痛，就只會不明不白地過完一生。

我的人生到目前為止還不算完全明白，但我想我已經學到一些生命的課題，真的是「血肉經驗」啊！但我該怎樣讓這些經驗有發揮的空間，並且有所收穫呢？

從「悟道」到「得到」你只需要用行動「做到」就行，把你眼前的事情做好。不管那是什麼，呆呆地做，別想太多，更別埋怨。至於「做到」到「得到」就不需要你擔心了，當你已經完成前三道，你會像磁鐵般的吸引到任何你想要、你需要的，不費吹灰之力，因爲所有你需要出的力，都已經往自己裡頭灌了，剩下的，就是等待宇宙還給你……

人們往自己內在灌輸的理想和願望甚至是想像，都在內在的平行宇宙劃下訂單，隨著你的認知觀念越來越明晰，行動越來越踏實，心境越來越眞實、喜悅，你就會開始注意到，你向宇宙下的「訂單」正在「分批到貨」。一開始可能只有微小的幸運或巧合，只要你的狀態與心念不改變，這些你訂購的幸運和豐盛，會逐步到位。

奇怪嗎？不奇怪。因爲人世間只是內在平行宇宙的外顯投射。內在平行宇宙就在你靈魂裡，靈魂就是創造你的世界的神！《聖經》上說：「你們要先求祂的國和祂的義，你們所要的都會加給你們了。」正是這個意思。《聖經》裡的神不在別處，就在你心深處。往內找到你的平行宇宙、你的靈魂和神，那裡有你要的一切，應有盡有！

我以為人生是個減法，吃一頓少一頓，福分得一分少一分。

所謂的「得」或「失」，不是因爲你做了什麼或沒做，而是因爲你是怎樣的「人」。你是怎樣的人，決定你的遭遇和收穫。這是爲何「你是誰」這問題會成爲最重要的大哉問的原因。你的所思、所言、所行，決定了你這人呈現於這世界的品質和價值。而這世界也會反射與「你所是」相應的回到你身上。

所謂的「因果」，不過是這反射的一種宇宙機制罷了，極其自然。你想要豐盛，除非你扭轉自己變成一個具有豐盛意識與行爲的人，否則豐盛的發生只會時有時無，很難暢快淋漓。意識的慣性與認知並不容易扭轉，這是困難的地方，但透過持續不斷地提醒和修正，是做得到的。

很多人說要「無爲」，所謂的無爲，並非指外在沒有作爲，而是要往自己裡頭去爲，然後體現在自己的生活細節中。不要忘記，魔鬼都藏在細節裡，**你不在自己生活的行動細節中關注與覺察，就不會在生命的大處實現希望。**《聖經》上說：「人若在小事忠心，在大事也必忠心。」神對你也是一樣。

我曾經花很長的時間思考「我到底是誰」，後來發現，居然有許多人也跟我有一樣的疑問，我認為我們不該漏掉談論這個部分。我注意到當我說「我是……」的時候，是我的自由意志可以決定；但我又發現，我有著不可思議的靈性能力，這部分跟自由意志又不太一樣。很多時候我被搞得很迷糊……

事實上「我是誰」這問題本身一點也不重要！因爲生命以其結果看來，本身不具備任何意義。但生命的「歷程」將會創造其意義，我們是在「過程」中發現和創造自己。你究竟是自己的「自由意志」或是「靈性存在」，通常要到死亡時刻才揭曉。蓋棺以前，你不知道你是你。蓋棺以後，你已經不是你了。自由意志是個很可口的禮物，但它其實不是眞的，我們後面會提到不少。

祢知道嗎？我從來就不是一個聽話乖巧的人，教化人心的事情根本不可能成為我此生的夢想或目標，但我卻已經在這路上，這讓我覺得……

跟自己格格不入？

我甚至不知道這樣下去我會變成什麼！我能使社會祥和嗎？我能讓世界和平嗎？我能讓動物不再受害嗎？我能成為我自己所重視的人嗎？我能嗎……

你能！在信的人凡事都能！你可以變成任何你想要的！神對每一個人的安排都是包含美意的，但往往不到最後一刻，你不會知道那份美善，卻經常在過程中出現許多的批判與抱怨，而你內在卻總是認爲自己不配、不值。你有我！任何人生命計畫都有我在其中。生命旅程從來都是「量身訂做」的一人一套，歷程類似，細節卻不盡相同。要同好與共好（如果和平、祥和的世界是你要的），只有設身處地的「同理心」。

從過去的經驗看來，我如果不是批判攻擊別人，要不就是被攻擊批判，我有衝動的傾向，我從來不認為自己是一個適合為世界帶來祥和的角色。這麼說吧！我認為我自己不是個好人！

在你們指責他人邪惡之前，有幾個認爲自己是完全的好人？

人性本質究竟是善還是惡呢？

看來前面的討論你還是不明白。人性善？人性惡？就世間法而言，善惡不過是「是非陰陽」的簡易二分法。自從人有「意識」開始、「我」的觀念開始，這分裂的二元觀念就理所當然的存在。有「善惡之分」，「合一」便不可能存在。追善逐惡都是落入兩端，然而就是此二端彼此相連，讓人找不到出口，不斷循環，形成一個圓，是以太極圖便以黑白半圓、黑中有白、白中有黑示之。

圓，象徵平衡，卻並非圓滿之意。世間之法，以善惡平衡爲要。所謂的「道」，講的是「天道」。天道無善無惡，超乎二元，人之內在本質也是無善無惡、無分無別。觀察嬰孩的行爲便可得知此點。天道用「平衡」維持自然。因此道法自然，便能得感道途。

人類最接近的形容是「中觀之道」。人之所以難達到，是因爲除了分別念之外，尚有執著念。此二念繼續分裂成諸多如預期、批判、欲望等，在他人配合下演變出無邊的人間戲碼。其實就是因爲有「我意識」，才有這一切，大自然並無「我意識」，因此巍然不動地靜觀一切。這個「我意識」被稱之爲「小我」，與自然之心的「大我」分別。這是追本溯源最初的分裂。從這入手，方能針對「小我」演變出的後續一切加以調和，「無欲求」、「無分別」、「無執著」三者，方能達到「無取捨」的境界。也才是《金剛經》裡所言「無我相、無人相、無眾生相、無壽者相」的狀態。

「中觀之道」意思是「不看」或是「否定」黑暗與光明嗎？我知道光明可以驅除黑暗，但世界有這許多的黑暗，幾乎就要蓋過了光明……

負面與黑暗確實存在，一味地崇尚正面光明、否定黑暗，並不能消滅黑暗，因爲你走的也不過是另一個極端。事實上你需要的不是消滅它，而是承認它、面對它、了解它、接受它。當你了解並接受了，它才眞正的消失。然而它不曾消失，只是你飛了起來、凌駕於兩端之上，終於看見更大的格局與更廣的視角。

所謂的「中道」並不是直線式的，並非是一種爲了得到「平衡」的觀點。那兩端的中點是凌駕於兩端的上方，超越了二元，形成一個三角。這正是你們所處的三維度空間，這三維度係由地、水、火、風四大元素所組成。這正是金字塔四面三角的原由，藉由探索並領悟這份「凌駕的平衡」，你們將成功的邁入下一個次元。

所以，當我們能夠用「中觀之道」觀察與行動，就可以讓自己活在平衡之中，也就是立於金字塔的頂端？我聽說金字塔可以匯聚能量，物品放置在金字塔中不會被損壞，連肉品都不會腐敗！

是**平衡的力量可以凝聚能量**。大自然的力量就是一股自動平衡的力量，所以大自然可以療癒一切人爲的失衡狀態。凡是能夠讓自己內在達到平衡，也就符合了自然之道，而自然之道會爲你們開啓天地的空無之門。當你們在自然與自己當中找到平衡，沒有了恐懼、匱乏、分別、論斷，才算開始啓蒙。當你沒有這些頭腦的造作，你就進入了心靈的平行宇宙，開啓了一個眞正的奇蹟。這個狀態被稱之爲「眞」與「空」。一旦了悟眞空，才得以知曉，眞實諸相原來遠非眼目所及。藉由這一份「眞」與「空」，便能有大廣納、大創造、大變化、大吸引，如宇宙一般。

✧真空的心、真空的平行宇宙

所以「平行宇宙」其實就是「真、空」的代名詞，因為「真、空」，所以能在這世間投射出「妙有」？所以這份「妙有」也生出世間的「善惡」？

正是因爲「眞」、「空」而生「妙有」！但善惡卻是在有了分別心之後的選擇。其實人性本無善惡，只有眞假。自性是眞，小我是假。勸人爲善無關自性，自性是眞，不是善，爲善還是業，無業才是眞，不善不惡方爲道，道法自然即是眞。說善說惡其實還是說陰陽，跳出陰陽顯示的假，才能進入不顯示的眞。

說了一輩子的法，依然輪迴在陰陽裡，陰陽實在無關自性啊！找到了自性就超越了陰陽二元；反過來說，當一個人可以在意識上超越了陰陽，找到自性就容易多了！太極陰陽各半，陰中有陽陽中含陰，合則一圓。孤陰不生，獨陽不長，陰陽生剋，世界輪轉。能覺此境，則心如太虛居中道，如如不動。身能入世，行能端正，言所當言，事事都認眞又能事事不當眞。不能覺此境，則眼耳鼻舌俱入兩端之分別，更入執著耳……

我重新看了幾次上面寫的，我只能說，祢太屌了！我根本寫不出來，我還以為是太上老君親自面授呢！

誰說不是呢？什麼君、什麼公、什麼王、什麼菩薩、仙姑，都只是你們意識上的認定和投射。祂們眞實存在，但若不藉由你們意識上的出力，這些神尊也沒有主動就駕的能力。當你們的意識認定並同意，也就使頻率一致而得以降駕。說得更精確些，是你們使這些神尊成爲眞實。我說過，人搞出來的神才能影響人，弄到最後是交叉影響，神人不分了。

當一個人沒有對現狀的不滿，也沒有得不到和放不掉的執著，這樣的「當下」確實是能讓人平靜。問題是，我很難經常性地處在這樣的狀態，很容易被其他的事情干擾。

這樣的狀態我們稱之爲「知足」。人來到這世界，本質都有著稟賦自然之道的天性，出生後的環境決定了他變成「知足」或是「匱乏」的後天性格。而你們在人事之間，多用後天之性格，而鮮少用先天本性面對，到最後甚至忘了用天性面對自己——那個被稱之爲赤子之心的本然。關於這點，你們不論有意識或無意識地，都對「匱乏」上了癮，儘管你們是如此地渴望豐盛。

孩子不會恐懼匱乏，他們總是處在知足安然當中，有什麼就吃什麼。是父母和社會讓他們學會了比較與計較，然後逐漸出現匱乏的感受。最可怕的匱乏不是資源，而是那份無染的信心與愛。匱乏產生焦慮和恐懼，人性會因著這份焦慮和恐懼產生動力，依他的「智力」高低去進行外部問題的解決，不論是運用巧取或豪奪好停止焦慮，都是爲了滿足那表面的需求。

人類幾千年的歷史當中，這樣的匱乏感爲地球帶來的破壞，已經超越了地球過往的文明，甚至連同心靈的純淨也一併玷污。許多人活得擔驚受怕，終日惶惶卻不知爲何，其實只是因爲匱乏意識。匱乏意識讓人失去信心和力量，然後恐懼當了幫凶，有些富足的人也一樣有著嚴重的匱乏意識，這說明了匱乏的根源不是外在的資源，而是內心。

如果一切資源都是足夠的，我們怎會擔驚受怕？又怎會鑽山打洞巧取豪奪？我們就更有餘裕可以充實內在。活都活不好了，誰理你光與愛？

宇宙是從不匱乏的。鼠目的人所能看見的只是有限的資源，他們的愚蠢不在於不相信宇宙的豐盛，而是短視近利。短視使他們聰明地在捷足先登之後制定規則，好讓資源可以繼續被少數人傳承。歷代以來就這樣教育著你們，要你們接受資源有限是眞實的（其實只是被嚴重失衡地瓜分）。他們暗地裡把持著資源，但透過教育告訴你們，要努力上班工作以便獲得更高的收入或成就（其實只是殘羹剩餚）。

「知足」只是他們用來安慰那些不是那麼幸運的人安然釋懷的手段。他們以金錢爲門檻，制定一個疊床架屋的經濟結構讓你們依循，好讓他們可以更無障礙、更有效地進行資源的分配。你們的經濟結構就是在這樣的基礎之下建立。因爲其一開始的立意初衷已經偏差，所以後來的經濟結構時不時的就要失衡動盪，最後難以避免崩垮後的重整。

奇怪的是，你們從沒意識到問題的根源，還是把經濟結構疊在沙土而非磐石之上。現在的貨幣政策走量化寬鬆策略，這就像頭痛醫頭一樣治標不治本。國家和政府渴望的富裕繁榮，竟然不是在落實與增益人民生活的需求上著眼，而是印鈔票。財報數字再棒，也只是數字治國的自欺，受惠於經濟成長泡沫的基層百姓，依舊寥寥無幾。

若是把經濟結構做一次徹底的重整，就會有大部分現有的既得利益者受損，他們不會放手。而未獲得利益分配的儘管人數眾多，卻因為沒有資源與之競爭，只能眼睜睜看著他們瓜分資源。一般人能獲得殘羹剩餚，已經是祖上有德了。

若從世界著眼，你所說的確實是實情，而且是一個來自底層的聲音。這層「結構」是否會被打破，其實關鍵不在結構本身，而在人心。就像國家強盛靠的不是武力而是教育一樣。

難道沒有任何方式可以中止這樣的失衡嗎？在人心已經被生活的壓力糟賤到如此不堪的地步，難道沒有一個快速有效的解決辦法嗎？

我們在此，就是透過對話的方式，將一個和平、可行的「體制外」方式提供給大家。你不必是「人生勝利組」也能品嚐勝利的滋味，因爲上帝要你得勝。這個「你」是指每個人。雖然一個班級只能有一個「第一名」，但我要強調的是並非「第一名」才能勝出。在我眼裡，「得勝」和你們的標準不太一樣。

是啊！祢還要我們富有哩！

別酸我，我給予你們的痛苦不會多過你們能承受的，我賜予的資源也不會多過你們能浪費的。要是你們看不見眼下神的作爲、神的資源，依舊處在不知足的狀態裡，哪怕再大的神蹟奇事，也救不了一個心死的靈魂。

所以我們應該「不要知足」，要起而為自己奮鬥、競爭？老實說我很好奇，祢將要對我們目前所處的狀態下怎樣的藥方。

不！知足是對的，不知足也是對的。知足讓你感恩和快樂，不知足讓你成長和進步。知足的感恩帶來資源，不知足則帶來力量。但它不該成爲貪婪者宣說的安慰劑。在眞正知足的情況下，你們可以完全不需要彼此競爭，也不用爲自己奮鬥，只有分享。有誰會在人人彼此分享的情況下自私的奮鬥？知足對任何情況下的人都適用。

你們的問題不在知不知足，而在將知足或不知足的力量用在完全無效的方向。一個知足的人，內在會有一顆安詳的心，去面對總是「不知足」的外在，而能無償的分享。因爲知足與無私，上天對他也是慷慨的，他可以在他自己的世界裡創造更多的資源與和善的效應，利人利己。而一個內在總是處於匱乏、恐懼、不安、不知足的心，充其量也不過是和外界的匱乏相呼應，難以超越這迴圈，於是越發在這投射、反射的循環中，繼續處於恐懼、匱乏的迴圈當中。有太多擁有豐盛物質的人，其內心之匱乏超乎想像。其實知不知足只是表現出你知不知道如何應用你這顆心。

感覺上祢一直要我們放棄當下的不滿，這有可能會讓人走向消極的狀態，難以進步。

「放棄不滿」是消極嗎？放棄一個明顯對你有著傷害的東西是負面的嗎？「進步」是視角的問題。從很多方面來看，你們的進步也帶來相對的退步。因爲在二元世界裡，你們的努力若在「表面」，就「只會在表面」產生相對的反作用力。

在功利的影響下，你們看重的是結果而非過程，而「當下」並不在結果裡，當下在每一個片段的過程裡，你們忽略了當下，用不滿的情緒充塡，將心神的能量消耗在那些不屬於當下的回憶和未來的想像裡，卻又冀求渴望的結果。「當下」若是少了「平靜心靈」的投入，那「過程」也變得只是徒具形式而已。

所以在「用心」這碼事上，還有眞多學問，原來不是「努力就會進步、就會成功」！

你從哪裡聽到這些話的？

父母、老師、社會賢達……

他們沒說錯，但只說對了外在的一半，另一半需要行路的人自己去領悟，那是內在心神的範疇。進步和成功確實需要努力，但有方向的適切性和省力的可能性。我不是要強調不勞而獲，但如果你找到了宇宙之心和平行宇宙的創造心法，事半功倍的人生會讓你增加更多的豐盛，多出來的歲月你也可以讓它更精采。

我想要更清楚地知道「事半功倍」的方法和天賦，我想要更好的日子，我想要更豐盛，我想要更覺知……

光憑你的這些「我想要」，你就已經出局了……問題不在你要什麼，問題在：你沒看出這些早就已經被安置在你心門裡面。這正是被頭腦障蔽後的「匱乏心態」所致。

又來了！「我看不到！我看不到！拜託！Show me the money……」我這是為許多人而吶喊的，我知道他們每天早出晚歸、努力工作，卻依舊連房貸都繳不起；我知道他們加班加點、犧牲假期，卻連睡覺都嫌奢侈。你只需要搭一趟捷運，你就會看見一張張垮著的臉上寫滿了這些沉默的吶喊……

這就是為什麼我來。我來是為了用清晰的話語說出樂活的祕密和離苦的真諦。開創之神和命運之神只眷顧眞誠接納一切、且願意爲自己生命負責任的人，不包括那些不滿現狀、一天到晚想改變卻只會抱怨的人。我眷顧對眼下凡事接受、凡事感謝的人。

✧ 天賦的應用

所以凡是不滿、對抗、自以為是和對一切不接受的人，就不配祢的眷顧？

不是這樣的，恰好相反。越是鐵齒鋼牙，越是自以爲是、好鬥成性的人，越是有著強烈的神性潛能。正因爲那潛能是如此強烈，因此需要這樣激烈的性格包裹，直到外在包覆的盔甲卸除，那耀眼的神性之光和奇蹟，才會讓他判若兩人。只是，要讓盔甲卸除並不容易，在小我丟盔棄甲前，多半要歷盡許久艱難的磨練好去除武裝，否則你認爲，穿著鎧甲翻身容易嗎？

或是要經歷無常、無情的洗禮，直到被打趴在地、哭爹喊娘才知「臣服」。

二元世界裡，無常即是尋常，生命有高峰也會有低谷。要知道，你所遭遇的，沒有一樣是不該發生的。與其抗拒與抱怨，不如在接受中找到那隱藏的益處，然後因著你對「責任」的接受與臣服，命運的道途會漸漸地向你開啓。

具備這些就可以找到天賦嗎？

天賦不是那後天出現的或要你專門尋找的，和本能一樣，都是與生俱來的。「性」對你們來說是本能，如對「性」一般的追求狀態就是「天賦」的依據指標。問問你們對於正在做的事是否具有對性那般的衝動與熱切？如果沒有，那多半不是你的天賦，僅是餬口的飯碗。天賦往往與飯碗沒有直接的關係，因爲那個關係需要你自己建立。

許多人問：「我的天賦爲何？」我倒要問：「你願意你的天賦爲何？」我安置在每個人身上的標準天賦就是「學習」。你是否「願意」朝向某個方向「學習」而拋開一切的束縛？如果你認爲你的學習是錢的問題，你有沒有尋找不要錢的替代資源，或是「學習」創造更多的錢？如果你認爲你的學習是「時間」的問題，你是否善用你的零碎時間？如果你認爲你的學習是個性問題、是態度問題，那很抱歉！你的問題很嚴重！你明白了嗎？對一個眞正想要發揮「學習」天賦的人來說，時間或錢都不是問題，問題在你。

如果錢不是問題，阻礙挫折不是問題，別人的閒話不是問題，你還會堅持做的是什麼？那就是你的天賦了。你會說：「等我那些都『不是問題』再說吧！」很遺憾，天賦也不是等出來的。事實是，當你面對並解決問題的時候，才是創造與看見使命的開始。認清事實、面對現實吧！當人說：「我找不到我的天賦！」這話聽在明白人耳裡等於「我不想面對，不想承擔」。不知道？其實你說的是：「我不想知道！」

我記得祢說過「學習不是學習，其實只是憶起」。

對許多尚且無法理解這說法的人，用學習二字會比較容易消化。但你們難道沒有在做一件事時，忽然發現自己很容易上手或是駕輕就熟？就像你們遇到某些新朋友，感覺彷彿早已熟識多年，這就是憶起的證據。但要恢復這樣的憶起能力，需要多方的擴大知見學習，你會在某個神奇的時刻，將你前世的宿慧與今生的能力結合。

如果有人總是「不斷地用找出問題來拖延、逃避早知且早該面對的責任」，那該怎麼辦？

聽聽他、看看他，然後笑笑。

祢讓我感覺很窘……

別窘，我沒說你。

我情願對號入座，祢說的就是我！好吧！關於學習，還是有些指標可以看出朝哪邊比較適合吧？畢竟這世界可供學習的範圍太廣。

以下的指標可以作爲一些參考。凡能「讓你廢寢忘食、沒天沒夜、不渴求掌聲、不在乎收入、不在意批評、不介意時間空間而能專注鑽研，可以爲之放棄許多、只單單做它」的事。簡單地說，找到你願意「無條件」投入時間的事，往往天賦的方向就在裡面。剩下的只是怎樣藉由它來建立生計的平台。

是啊！如果「找到」……好吧，「學習」了天賦，該怎樣建立生存平台呢？祢曾對我說過：「先去過你想過的日子，然後從中發展謀生之道。」但如果沒有資源，甚至連平常的日子都得不到啊！還謀生之道哩！

「Be, Do, Have.」是平行宇宙的創造順序，這你是知道的，所謂「先去過你想過的日子」，不是意味著你要傾其所有或是拋下一切去過那日子，而是指你得在「內心」先讓自己「是」那個樣子。換句話說，你得先「承認」自己「已經」在那樣的狀態裡。

我會說「承認」，是因爲有太多人習慣「否認」。一方面「渴望」又一方面「否認」，我實在找不到比這更適合被稱之爲精神分裂的症狀。這是腦袋和心靈的分裂，其實只要讓二者統一，用心靈主導就可以了。要是你不能從心靈層面去向平行宇宙下指令，腦袋會經常性的提供否定或壞事的餿主意。

在你用心靈進行「Be」的動作時，你要「覺察」腦袋的動向：當它不與心靈同頻，你要立刻將之調整，要麼讓腦袋作主，這輩子不用理啥心靈的事，要麼就讓腦袋臣服於心靈爲祂所用。訓練腦袋臣服，這需要一些在生活中實踐的時間和練習的功夫。當你遭逢生命的陷落與挫折或一些生活裡的不順暢，不要忙著抱怨，不要忙著指責，不要忙著否認。靜下來聆聽你的心。靜靜的傾聽，你會有不同於頭腦的洞見。

那過程裡，我如何知道開啟的正是我的命運？我是說，人們經常不知道來到眼前的是福還是禍，是憂還是喜……人們帶著盼望，努力的活著，而命運卻像是天上的雲、山中的風，不可知、不可測。

「被找到」的命運符合「開啓」一詞，即便如此，也不一定打得開。但人不能總是耗費心神到處「找命運」，最恰當的作法是「開創」。「創造」和「空性」一樣，都是無中生有的事，人人具有空性，因此人人都能創造，在「空」裡只能「是」，不能是別的，這需要更多心靈的悟性。

你看看各行各業許多拔尖的人士，幾乎都有各自的「哲學觀」，儼然已經是該領域的思想家。而哲學距離神學已經不遠，但凡能在自己的生活或職場領域裡領悟出一些哲理的人，距離看見內在的神性，都不會太遠。好壞都是比較出來的，試著讓自己心中沒有比較，更進一步讓自己沒有分別心吧！

不要怕吃苦，眞正活在當下的人，如果只有豬糞，他就願意賣肥料！你所在的地方，就是你該開始的地方，就有你需要的資源，而你的天賦與靈感，往往也會在過程當中浮現。不是找到天賦才會有天賦，天賦是你本自具有，不用找，直接「是」！大聲地對自己說：「我就是！」然後去「學習」。在學習的過程中，不斷強化自己的相信，那是命令平行宇宙實現心願的方法。

你相信自己是什麼，你就會是什麼。你站在「哪裡」，就從「那裡」開始，然後祂就會出現。許多人停下該做的事尋找自己，卻更是迷失，甚至走入岔途，白白浪費大好光陰。做人做事若嘴裡吃著這個，眼裡還瞅著那個，心神根本不在一處，縱使一開始是「人生勝利組」，最後總是很難不出局，於是一生只能在投機與運氣當中荒度。

只有一個情況，命運會主宰你，就是當你告訴自己命運不可知、不可測時。這樣的說法其實方便人們逃避面對那該承擔的責任，將一切不想承擔、不想處理、不想面對的歸咎命運，或乾脆說「我不知道」，然後將主宰人生的力量輕易給了出去，就像《聖經》裡那廉價賣了自己身分的長子。當人們說「我不知道」的同時，他其實眞正說的是「我不想知道」。在你眞正醒來以前，生命不會因爲你的「不想面對」而輕省，它會一再地提醒你，一開始是輕輕地拍你，然後逐漸加重，直到你覺醒。有些悟性低的就容易被打趴在地……

我趴慘了……

任何時候你願意開始回頭，老老實實面對自己生命中發生的一切，就是正面的與命運交鋒，你就會開始「知道」，但這需要勇氣。命運之神對待無懼之人的回饋是很大的，因爲沒有一個外在的幻象值得人們恐懼，除了最深處的、自己所營造出來的幻象。

✧Show me the money!

祢解釋得還真透徹，原來「Show me the money」也跟心靈的使用有著「直接」的關係。

過去你一直認爲那是「間接」關係？其實再沒有比「金錢」更貼近人心、更實際的「能量應用」與「靈性功課」。你們的心靈與行動用在與錢有關的時間總是比其他的多，起碼不會比你待在衣服裡的時間少。透過金錢的來去，你們將感受到那背後靈性的力量，而透過靈性的進展，你們將發現可以創造金錢的引力。

所以祢要透過心靈幫助人們重新取回財富的主導權？

經濟學從一開始就是建立在錯誤的觀察與假設裡，舉世皆然。你知道你們的經濟學一開始就假設一切的資源是有限的。在這「假設」下，你們不但誤用了地球上的許多資源，甚至也誤判了宇宙資源能供給的程度。不過這歷史的錯誤將要被後人修正。

我不在意誰擁有資源，誰擁有都只是短暫的，我在意的是，仍有廣大的人們迷失在「心靈」力量的誤用上。而金錢的短缺，根本問題不在那富人訂出的遊戲規則，在於你能否運用心靈的力量去打破遊戲規則。在你們的商業、企業界目前亟須心靈能量的挹注。舊世代正在老化與崩解，新世代的興起若少了心靈的能量，又將走回往復循環的老路。這個往復循環造成的內耗，只是讓資源徒然地浪費在既得利益者身上，無法使每一個在當中勞心勞力的付出者，得到等同於付出的報酬。

在你收到的薪水裡，一定不會列入你因爲工作的付出而無形的減損，例如精神疲勞、夫妻情感、親子關係、健康情況……這一點，從這二十年來台灣內部政治的空轉內耗，就已經得到證明。政黨之間的纏鬥耗損的是整個台灣的民心、信心與經濟實力，甚至最後有可能付出主權的代價。商業雖然依附在政治之下，但是要讓台灣的經濟再度興起，卻不能再仰賴政治上的制度或手段。必須要讓商業界裡的每一個領導人與共同參與人，用更高的格局、眼界去打破框框、改寫規則，老路子隨著時代更迭，已經到了需要更弦易轍的關鍵點。

我們該怎麼做？

大方向是：不要再把中國視爲主要市場，一個沒有資源、沒有邦交的國家，不一定要在經濟上倚賴強國，除非它從沒認出自己的優勢。世界很大，懂得發揮自己優勢而又會造勢的，就能突圍而出。

台灣的製造業不能局限在有形有相的物質上，不要過度倚賴「代工」。台灣眞正的影響力在於相關文化、思維、觀念上的軟實力，不在經濟與外交上。既然天然資源缺乏，就開發心靈資源。既然新台幣無法成爲強勢貨幣，就讓心靈世界的貨幣成爲台灣眞正的價值。去告訴全世界，這是一個沒有天然資源與政治奧援的蕞爾小島，但是她位處世界的中心，扮演著平衡的關鍵。不要再用政治的口語去處理外交、國防、經濟的議題，改用心靈的方式去和世界接軌，因爲這是世界共同的語言。

我想也許我該推薦政治界的人讀讀這本書。

已經有人在讀了！而有更多的人會因爲認同這一份理念。而投入公民政治。心靈力的注入，會讓台灣的政治和經濟發生天翻地覆的改變。下一個全球性的金融風暴正在醞釀，二〇一六年以前是台灣扎穩腳步的時候，風暴過後，台灣將在世界上璀璨耀眼、位居樞紐的地位。這一切的變數完全取決於你們這些心靈工作者，以及政治、經濟決策者的宏觀遠見。公民意識的抬頭，會讓過去高高在上的爲政者如履薄冰地爲民謀福。當官不應是尊貴富裕的象徵，而是心繫天下蒼生的遠見。百姓會支持的也只有這樣一心爲民不爲己的公僕。

這些都是長久以來被認定正確的價值觀，但從未被落實過。

因爲當官的會投少數有利之人之所好，交相謀利。多數官員「爲民」只是幌子，圖的多是自己的好處，老百姓還是一樣怨聲載道。

真不知道是民哪門子的主……所謂的民主就是選舉的時候我們可以去蓋個章放個屁然後那個屁就煙消雲散了，做得不好也罷免不了，仍是好官他自為之。老百姓的民生大計與他利益有關的才叫做民意，否則抗議的就是刁民！

政黨和官員不也都會輪替嗎？

輪替？換了位置就換了腦袋！當在野黨時沒有包袱，沒有太多利益，自然可以超然的站在人民的立場、取得老百姓的認同；一旦取得政權有了利益的衝突，犧牲的就是老百姓……誰當家都一樣！黨這字就是「尚黑」！

你膽子不小，我還以爲你會避談政治呢！

避不了，就算不理會也被政治管著。那還不如搞清楚他們在幹嘛。

其實心靈無法與任何事物脫勾，但心靈一旦與政治結合，就是政客的消滅，因爲將不會有黑暗與弊端，人人自治自律，大道無爲，天下爲公……

不管哪一個政黨，只要能摒除人性中的貪欲和追求最小阻力解的便宜行事作風，真心實意的照顧老百姓和所居住的環境，心繫最多數人的生計與便利，提升對弱勢族群的照護與關注，而非只關注「政治正確」，都會是我樂意支持的政黨。抱歉！我岔題了……

不要緊！心靈也在宗教和政治裡。心靈需要被融入這二者之中，但並不表示當下這二者中一定有心靈的成分。事實是：心靈不需要宗教和政治，但以現有人類的程度，尚須宗教與政治來看，將心靈融入其中，會是更有效益的選擇。心靈是一種「心念意識」的狀態，祂的源頭來自於你們口中的神，但是祂的價值卻必須透過你們在生命經歷中認出。那便是你們的心。所以才說「一生的果效是由心發出」。

意思是，我怎麼看自己，我內在那位「神」的力量就到哪裡？

是的！然而這麼簡單的道理，卻是你們不會相信的。你們要嘛太過相信自己，要嘛又太小看自己。對於自我的認知，若非太高就是太低。前者產生的傲慢來自小我，後者的無力與擔憂也是來自小我，二者皆因恐懼而生。擺盪在光譜二端的你們，從你們習慣把力量與權力交出去那時起，就活在一個被你們自己創造出來的苦境裡。

我們一直是被教育不該有太多自己的思想，老師和父母總是盡其所能的，要把「他們認為」我們應當知道的和應當做的灌輸給我們，然後我們成了一致性的「罐頭」！

可以想見那「罐頭」內部的壓抑程度！

至於脫離「生產線」後的歷程就更精采了，人們帶著被壓抑的情緒與性格的扭曲，進入這個社會，努力爭取扮演「他人眼中」的優秀與完美——這一份優秀與完美是由金錢的多寡與職業和社會的地位來決定。有一些人做到了，他們成為政治人物、醫生、律師、企業家、藝人或運動明星，但卻是在背負著來自各方面極大的壓力之下，去扮演職業的角色。

你說的這些「壓力」，「未達到他人眼中的優秀與完美」的人更大，他們人數眾多，而且各個都因爲尚未做到滿足自己和他人眼中的「Winner」，因此壓力更大！小我豈是容易被滿足？

更不要說滿足一整個社群的人。

其實最大的壓力來自對自我的否認，對不對？

是的！這形成一個惡性循環：因爲在比較中「自覺並不優秀」，而在內心形成壓力↓壓力又帶來內在的「自我的否定」↓內在的自我的否定又帶來外在「表現更不佳」的自己和多舛的際遇。永遠都是你的思、言、行、身、口、意在創造你外境的眞實。

許多人甚至無法讓腦袋的「思想」能夠沉澱清晰，那該如何終結這個負面迴圈？

方法並不難，只要改變對自己的說話，同時拒絕認同所有會降低自我評價的用語即可。既然腦袋關不上，就先別急著關上，但是舌頭很輕，卻可以輕易控制；管得了舌頭就管得了腦袋，管不了舌頭往往腦袋也不靈光。所以才說「懂得不多的人就會常常講」，懂得多的人知道沉默是金。

祢讓我想閉嘴……我有時候總覺得我話太多了。蘇格拉底曾說：我唯一知道的，就是我什麼都不知道……要是一個大哲學家都這樣謙卑，我真是太自以為是了！

✧你是神！神是你！

自以爲是的你，看自己是實還是虛呢？

我這會兒正跟祢說著話，我當然是實！

嗯……「我思故我在」！

難道不是？

如果你指的是比較小的那個「我」，那你就是在的；如果你指的是更大版本、更升級的那個「我」，那你就是不在的。當你處在那樣的狀態下，你可以說「我不思故我在」，或是「我思故我不在」……

祢在玩文字遊戲！

遊戲反應人性，神性卻創造遊戲。我說過，你們只是「我」的一場遊戲，這並不是說你們是神的傀儡，更不引起誤解的說法或可以說：這是宇宙一場關於「我」的遊戲。所謂的「我」，在不同的覺識下呈現不同的次第。當耶穌說「我就是道路、眞理和生命」，意思並不是指祂自己就是救世主，而是指著那個「我」——那個在每個人身上的「大我」亦即「神性」或「神識」。

所以可以說成：「神識就是道路、真理和生命。」

沒錯！只是這樣的說法又不容易讓人了解「其實神識就在你之內」，因此祂用了「我」，祂眞正的意思其實是「大我」。

結果引起幾千年來更多的解釋甚至是誤解……

受限於當時的文字用法與翻譯後的誤差，會被誤解，其實是一點也不用奇怪，因爲就連這誤解的過程也是必須要發生的。二元世界中唯有透過犯錯與誤解的經歷，才能呈現最終的了解。生命重要的不是結果，而是過程！

但是許多的宗教都強調死後的天堂啦、極樂世界啦……甚至強調，那些都是要你透過活著時候的奉獻與努力來換取。一堆由宗教訓練出來的信徒，對於捍衛那封建的宗教體制不遺餘力，他們不相信自己內在就有足夠的力量去改變人生，而將力量交給由宗教所灌輸的「神」。然後人們藉由奉獻，期待「神」會奇蹟似的改變他的人生……

或是死後上天堂！

是啊！死後上天堂……如果真有天堂這麼一個地方的話，我想愛人的神是不會讓我們死後才去的。許多人進入宗教的原因，其實只是逃避現狀，藉由神聖又崇高的宗教，採取一種對世間「非面對」的態度。卻忽略了神的話語、佛的要義，若不藉著在世間的行住坐臥、柴米油鹽，根本無法彰顯其「道」。

你說的情況多是一種「觸發」，若不是在生命中遭遇某種陷落、某種領悟，或是開始對雙目所不及的世界產生好奇，多數人不容易進入宗教，頂多是「拿香跟拜」，知其然卻不知其所以然。

進入宗教的人也不一定就知其所以。每一個人都是用其自身對世界與非世界的感受與體悟，去詮釋那個不可名說的境界。內在的世界沒有別人，這條路上的人就像是在沒有地圖的疆域中踽踽獨行，遠處只有地平線，甚至看不到任何座標以參考目前的進度，所以就算是偏差了也不知道。

那往終極的道路是不會有偏差的，因爲神是如此的大，好讓你不會錯過，只有蜿蜒曲折或是快速直達。多數人的狀況有點像是你們搭公車，一段不算遠的路卻繞來繞去，總是經過重複與相同的「點」。只有少數人坐的是高鐵，速度雖然快些，但能否直達也還未知。要是中間下錯了站，又得重新買票……

我喜歡祢的比喻，而且我覺得祢這比喻更恰當。

我知道你認同「對內在的信仰」，但我也聽出來你對宗教有些意見。要知道，所謂的宗教，雖然只是小我所建構出的組織，也不可否定其價值。它們之所以持續存在，是因爲世間就是有與之相應的眾生。有些人就是需要組織、規範、系統與嚴謹……才能反應其存在於世間之價值，而不同的文化背景與環境，則形成了不同宗教的教義與願景。對芸芸眾生而言，宗教除了給予另一世界的畫面，也提供了前往的路徑，儘管有時候可能是公車票……

謝謝祢的比喻，所以不用批判宗教的正邪對錯、究竟與否，因為有人就是需要；而個人求道之路的遠近，也是個人依自己的決定與領悟的選擇，總會到的，沒有對錯，也不需他人說道。祢知道，祢講的並不是新東西，但是我似乎感受到更深層的意義。

你還會一直「感受」下去，「感受」是很美好的一種語言。

我如實的感受到祢的愛！祢讓我原本的遺書變成暢銷書……我萬萬沒有想到，真如祢所說的，會賣得很好。

我並不輕諾。直到你們終於發現你內在的神！儘管你們或許不知道自己內在所擁有的神性力量，卻清楚自己有頭腦和意志，你們將注意力擺放在自己以外的眼目可見之處，不論那是學業、事業或是家庭與人際，卻就是忘了要看重自己，看重你的力量與價值。你們讓自己「甘願」受這世界擺布，受了苦卻又奇怪神爲何不幫忙。直到你終於「以爲」找到了神的同時，你又把你的力量給了出去，於是你從受世界擺布變成了受「那神」的擺布……

「那神」聽來像是宗教裡的。

不一定！這世界的「神」何其多！宗教是，宗派是，法門是，大師是。對沒有信仰的某些人來說，連國家、政府、組織、公司、社團都可以是神！只要是你讓自己在其中失去自己力量的都是！

我們把這稱之為「團結」，當每一個人付出自己少少的力量去成就團體，我們認為那是光榮而值得誇耀的。

我沒有否定這一點，前提是，那人自己清楚自己的力量也可以爲自己所用。換句話說，如果那人清楚「自己是什麼」！

我是誰？這是很多人都會問的問題！

如果問題錯誤，那答案還會對嗎？要知道，在錯誤的方向裡找不到對的路標。你問「我是誰」，得到的是這世界對你的標籤、職業、角色、定位的答案。那跟你本來是「什麼」無關。該被問的是：「我是什麼？」而非：「我是誰？」

✧「預言」又止

二〇一六年前後會再有金融風暴發生是嗎？

風暴正在醞釀，已經有許多的端倪出現，如果你有注意新聞的話。是否會發生，端看整體人類所選擇的、所相信的、所承擔的信念和價值觀。對一個具有心靈能量的人而言，要看透新聞背後的眞相，乃至要推敲後勢的發展，都不是一件太難的事。

地球各個國家發展經濟所需的原物料，一直以來並非是透過一套公開公正的規則在分配。這樣的情況下，物價乃至幣價就有了可以操作的空間，而許多人在其中大賺其錢，他們並不願意改變這個現狀，直到有人讓他們良心發現。至目前爲止，他們的良心僅止於慈善捐助，而非將這個不公正的制度改寫。也因爲這個制度的不公正，造成競爭的形勢越見激烈，強者要強弱者要追，往砂裡榨不出油就會苦了消費者。

原物料與企業有關，而貨幣則與百姓日常生活息息相關，當原物料和貨幣的供需出現問題，多半都爲即將發生的金融風暴或革命譜下序曲。而現在全球互動緊密，一個地區的事都不會只影響一小撮人。網際網路與經濟的結合，讓現在的世界失去了國度的差異和訊息的中心，世界成了「一」。於是「牽一髮動全身」便造成現在世界的許多問題，但解決這些問題的優勢也在「牽一髮動全身」上。

問題跟答案常常是同一回事，就像「因果」會連接成一個圓。

是的！答案就在問題裡，事實上這就是一個圓。看出圓滿的人，找不到問題。你們的「內在世界」與「外在世界」合而爲一，就是一個圓，任何你在「外在世界」看見的問題，都可以往內發現到眞實有效的解答。當一味地透過外界尋求解決之道，往往只是讓情況更加複雜。

難怪有人說：「若真修道人，不見世間過。」看來我差遠了！

聰明的人曉得要將複雜簡單化，貪婪和自以爲是的人總是將簡單複雜化。「不見過」不是催眠自己「過」不存在，而是清楚地知道並且接受。當接受了就沒有抗拒，當自己不處在對抗的心境，一切就清晰明白了，自然解決之道也就出現。

或許複雜化有助於模糊焦點好混水摸魚，這當中有利可圖。

這是腦袋的功能，總是疊床架屋地企圖要組建系統與架構。當這系統架構出現問題，又老是在問題堆裡打轉不知抽離。在不對的地圖上，要怎樣找到對的方向？有時候讓自己宏觀，可以看見事物的新面貌，而能影響他人宏觀的人，就是具有強大心靈能量的人。這些人都可稱「光行者」，將肩負這新時代人心革新的使命。

經濟學，甚至是許多的「科學」，著重的都是外在可觀察、可測量的部分去進行分析，至於形而上的部分就交給哲學。「知足」的心態是屬於非經濟的哲學思想。但在經濟大行其道的現代，我認為，「知足」這樣的心態日漸被貪婪取代。人類能支配的越來越豐盛，卻越來越不滿足於眼下！人們同時被兩套矛盾的價值觀制約——知足是好的美德，但在這明顯不足的體制內，你又需要貪婪地獲取你的報酬。

科學只能解決科學的問題，但你們終將會發現，在形而上的靈性意識裡，有著地球最大未被開發的處女地——平行宇宙。而這處女地裡的豐盛超乎想像，應有盡有。人們同時被兩套矛盾的價值觀制約是正常的。正因爲你們尚無法擴大意識到更無限的境地，而受限於二元，那麼二元的矛盾與對立就會是常態，因爲二元必須自我平衡。在這樣的矛盾中，你們只會在框架中看見有限的資源，即便眞正的「自然」可以爲你們供應無窮無盡的資源，也將因爲你們的意識未及，而不得見、不得取。

如果提升意識不是馬上能做到的，那除了這個，我們能怎樣地改變現狀？

不要從外在改變現狀，改變自己！你做出改變，「你的世界」也將改變。「知足」是可以平衡「匱乏」的有效意識。一個人若是沒有愛，是感受不到知足的，意識的振動頻率也會因爲持續的匱乏感而降低。外在享有豐盛資源的人當然容易滿足，但一個眞正處於知足狀態的人，與外在豐盛或匱乏無關，而是內在的平靜調和，那樣的狀態裡不會有恐懼和焦慮，也沒有不接受或是對抗。

你們的祖先曾經有過這樣的社會，近代人處在心靈的焦慮下，失去了這樣的調和，卻總想著用外在擁有更多來填補那無以名狀、空虛的心靈，結果會發現只是徒勞。解決的辦法簡單到讓人訝異，就是去愛而已，愛一切你愛的，也在一切你不愛的裡面看見愛，在愛裡就有豐盛。

如果你能從他人或自己的匱乏中看見自己的責任和能力，你就找到了愛。這份愛是啓動宇宙之心的鑰匙，然後你會發現「眞實的豐盛」朝你襲來。很可惜！一般人如果不是活在過去的掌聲或悲痛裡，就是活在尚未出現的想像裡。這二者都代表了對現狀的不滿。

請你務必記住，當不滿存在，愛就不在。當你很容易被過去、未來和外界諸相干擾時，說明了你無法安住在自己的當下裡，沒有了愛就沒有當下。沒有了 Here 當然也不會有「新局」。我看見你們對自己的內在都有著深深的不滿和逃避，只有很少的人願意對自己「老老實實」。

祢確實有一套！能把一個經濟的問題轉到心靈層面，我的腦袋感到祢答非所問，但卻又無法反駁祢。我承認，誠實面對自己，將是我們無可逃避的責任。

誠實面對自己只是認識心靈的開頭，所有世間的問題也會因為誠實而結束。一個眞誠面對自己的人，對他人生出現的一切情況都會願意負責。在現在這個人人追逐速度與名利的年代裡，只有少部分人踏踏實實的用「承擔責任」去累積名利的能量，儘管它看起來像是「慢慢來」。但人們心中都渴望著找到「最小阻力解」，好對最該面對的進行逃避與卸責，想方設法的要用最少的資源達到最大的效益、最少的心力成就最大的事業，你們稱這是「智慧」，其實只是「頭腦」的欺騙，這樣的「智慧」讓你們忽略了，一步一腳印的踏實才是千百年來人類之所以進步的憑依。

✧靜比動還要快，慢比快還要遠

用投機取巧的方式獲得生存與名利，這在現代的社會裡很常見。這才是很多人相信的「槓桿作用」。

我不是要你們用最笨、最沒效率的方式解決問題，我說的是「過程」，唯有過程裡當下的心的投入與體悟，才是生命的資糧。凡事求最小阻力解，就像是你作習題直接看答案一樣。一旦忽略了過程，那結果最後也不太被珍視，不論那結果是什麼。

所謂的「效率」，是人類爲自己的懶惰與貪圖舒適所創造的合理藉口，「速度」成了這藉口有力的支持。你們一切要求「速成」，結果就是讓人們少了一步一腳印過程中的領悟，而那一份對生命、對覺察的領悟，卻是必須在生活與事件中一點一滴的歷練與感受。

你的生命中曾經有多少次「欲速則不達」的經驗？當這樣的情況發生，多半是提醒你，慢下腳步從根基開始、從面對與承擔開始，一點一滴的體悟過程之美，要知道，細節是重要的，「結果」只是過程中「細節」的累積。當你過度注重效率與速度，有許多的細節會被忽略。而當過多的細節被忽略，就會有「事件」的提醒，而且只會越來越大。

所以說「魔鬼藏在細節裡」……

天使和神也都在裡面。但是粗枝大葉的人不用擔心！因爲他們也不會錯過神，神在細節裡，也在恢宏裡。在神裡面，你會從粗枝大葉變成細膩的金枝玉葉。

祢很愛鬧，正嚴肅著呢！

開開玩笑，輕鬆點！你們非常擅長用腦袋生出的「術」，藉由外在去改變一些你們想改變、想進步的，而「心」和「術」的速度相比，腳步卻顯得蹣頇。我對於二元世界裡的「術」看著是好的，它創造了你們現有的生活。但我也對於「心」的失衡感到憂慮。因此千百年來不停地有「心的教導」、「心的老師」來到世間做出提醒，那些你們從其言行與留下的文字中獲得感動與領悟的都是。

在「術」的領域裡，速度和效率是你們爲「投機取巧」的行爲給出的理由，嚴格說來，更像是藉口。眞實的智慧不存在速度和效率裡，而在順應自然的天道裡。在一個明白人眼中知道，靜比動快，慢比快還要遠。科技的速度變快了，依賴科技的你們，也都顯得性急而不耐；科技文明或許是進步了，心性卻少有所得。

任何事物之所以會存在或出現，皆有其原因與價值，包括橫逆、考驗、挫折和責任，一心想著除去這些經驗，而不思用心踏實穿越的人，並不能領會生命的功課與價值的偉大。問問運動員，他們對這些有著過人的體悟。再沒有比運動的訓練更一步一腳印的踏實了，也再沒有比運動更需要心術合一與耐性的了，而唯有心術合一的踏實與忍耐，不思捷徑地完成每一項生命的功課，你才能在平凡中見偉大，在偉大中見證奇蹟。這是負責任的目的和意義。

這是眞的！我認識的運動員裡，大多數都是對生命的哲學有著深刻體認的人，從他們的言談裡我感受到強大的心靈能量。

所以在第二冊裡，我有深入地談及運動的功能，它對靈性的拓展有極爲正面的助益。眼下你們的身體是心靈的居所，沒有良好的根基，就不能積累出強大的心靈能量。正如同低落的心靈能量也容易導致身體出現狀況。

儘管有運動的習慣，我還是無法避免頭腦的干涉，要放下聒噪的頭腦，真不是一件容易的事啊！

要避免頭腦的干涉或許不容易，但是做得到。只要你夠累就行！如果只有一樣你需要用腦袋的，那就是「相信」。相信的投射是所有投射中最有力的。至於相信什麼，則是你們的選擇。

投射是頭腦的機制，能夠選擇對自己有益的投射，正是善用頭腦的一種方式。

投射是你的視角所貼上的標籤，背後隱藏著你幽微的價值觀。說是幽微，因爲你不一定清楚自己的價值觀爲何，但你一定可以從你看事物的看法和角度去發現它。

很多人對自己的「投射」並不清楚，也沒意識到。這和他懂不懂靈性或是心理學無關，和一個人多常內省自觀有關。人事物是好是壞，完全由所投射的視角決定，悲觀或是樂觀也是如此，一個不快樂的人，看什麼都能找出負面、憤怒、悲觀的證據，如果你心裡沒有投射的「開關」，外境就引動不了你的心。

「如果你心裡沒有投射的『開關』，外境就引動不了你的心」這句話是什麼意思？

讓我舉個例子，你愛車嗎？

愛呀！很少有男人不愛車吧！

你愛什麼車？

BMW，我現在開它，所以我愛。

好極了！你有沒有注意到你「經常」在路上看見BMW的車子？

沒錯！我都快以為BMW是台灣的國民車了！

這被稱之爲「視網膜效應」的，其實就是投射的一種。其實路上各式車子不少，但你會最常看見你想看的。你可以把這個經驗複製到生活裡的各個層面，你就會發現，投射幾乎宰制了你們的人際關係和物我的關係。

當你看見「不喜歡」的人，你內在一定也有這個讓你自己不喜歡的特質。當你批判某件「不正確」的事，往往自己也不是做得那麼正確。當你忌妒某個人，其實只是因爲他做到了你想做卻做不到的事。可以想見，當一個人負面的投射多了，他怎麼可能會是一個快樂的人？而一個不快樂的人，是無法帶給他人愉悅的，這世界又爲何要將他想要的資源給予他？

要創造資源，你只要將「負面投射」轉爲「正面投射」即可。請千萬記住，**你能擁有超越這世界經濟結構最大的無形資源就是「喜悅」，而那是你自己就能決定的。喜悅在任何情況下都可以轉變成有形資源的形式，豐盛你自己和他人的人生。**

一個經常覺察到自己投射的人，雖然不一定會對人事物不起反應，但起碼不會有過多的論點與批判，因爲他知道，自己才是一切問題的根源，無可歸咎也無須論斷。

所以「正面思考」不管用，得「正面投射」……

你很調皮，但我相信你明白我的意思。正面思考也管用，只是很多人過不了腦袋的雜音這一關。當你練習「正面思考」時，你的腦袋總是從中否認，那盆自己潑的冷水比起他人潑的，更容易教人放棄。

我再強調一次：「內在沒有開關，外在就沒有觸發」，而頭腦則隱藏在其中操控著，讓你只注意到你想注意到或是被告知要注意到的，而對其他的加以忽略，因而難以「全觀」。其實投射有一個剋星，還是「相信」。「相信」貫穿頭腦與靈魂，它看似出自於頭腦，其實根植靈魂。你可以用「相信」這最偉大的正面投射，去扭轉其餘的負面投射。

有點像是自我催眠。

是！對一個成功自我催眠的人來說，清水也可有酒的芬芳。正因爲你可以自我催眠而改變對這世界的看法，最後將導致世界改變。對外，這證明了世界是具有可變的彈性，而因爲可變，也證明了世界的虛無。對內，則證明了你們具有「扭轉奇蹟」的能力。但凡一個人可以改變自己的視角，「他的世界」也會改變。

但是世界依舊如此呀！我們並沒有因為靈性的提升或是明白祢說的這些道理，就讓犯罪率下降或讓政治更清明，我有時甚至不能影響我自己……

你回頭看看你的生活，你就知道你是怎樣地影響了自己。至於世界上存在的諸多問題，那與個人不存在直接的關聯。當許多人都有相同的意識並串連起來，這些問題才會得到改善。最佳辦法是：每一個人都先處理好「自己的世界」，畢竟你能擁有和能影響的也只有這個。當你能把這最小的部分做好，那屬於全體眾生的大禮物就會到來。

延續剛剛的例子，有個人騎著機車，但是卻很愛 BMW，投射依然作用嗎？他又要怎樣獲得真正的 BMW？

投射任何時候都作用，甚至在你們睡覺的時候。因爲投射的影響，當然他也會經常的在路上看見 BMW；但要眞實的擁有 BMW，他得先回過頭來珍愛他的機車，就像他愛 BMW 般，當他不愛他所擁有的一點點，那大的禮物也不會來。珍惜眼下，然後對於路上看到的 BMW 感到喜悅，好像自己擁有一般的感恩，欣羡中不生忌妒或怨憤，處在知足平靜的狀態裡。這樣宇宙就能如實地接收到他的意念，並且爲之實現。

有一回我在網路上看見一張日系小車的照片，後擋風玻璃上寫著「我長大要變 BMW」。現在對照祢說的，才發現那位車主不是幽默而已，他是真懂的！真正地「相信」能讓人老神在在的處於平靜無波的狀態裡。

不忮不求。

哪裡不求？他還是「有求」啊！

不要搞錯了因果，是在不忮不求的「平衡」狀態下，「相信」才能發揮最有效的投射作用。反過來也因爲「相信」，他可以完全放下所求和與之相關的情緒，只讓他所相信的自然發生。不要去相信要「得到」，要去相信會「發生」，一切因爲「相信」而成就。一個眞正處在「相信」狀態的人，情緒永遠是平穩的，總是老神在在成竹在胸，不會有過高的興奮也不會有波谷的低潮。他不是盲目的相信，只有關注外境者才容易有盲目或迷惘的狀態，一個眞正的相信者，一定是清楚明白自己的人。

換句話說，如果一個人對外自信不足，他很可能是完全搞不清楚自己？

這樣說是「有漏」的說法，人們即便不是對自己「完全」明白，也都有部分的明白。但要知道，當一個人眞正明白了自己，便可以展現眞實的自信，而非戴上面具的表演，而這一份對自己「眞實」的了解和相信，將像眞空一般，吸引一切他眞心所望的來到身邊。

要怎麼做？

對外以真我示人，對上以赤誠坦蕩，對內以真心相照，對外以行動負責。

就這四條？

就這四條。我打賭很多人一條都做不到！

是啊！不說別的，光為了「保護自己」就不能太以真我示人。

一個有著「眞心」的人不需要設防，因爲「眞」就是最佳防護罩。也許不能免於遭人暗算，但可以迅速恢復常態重新再來。這樣的人願意天眞地依舊以眞心待人，不是不怕，而是明白天道的彰顯。因此有人打完你左臉，你還會迎上右臉。

我剛剛說的只是玩笑話，我認為這四條很實在，也明白真正的保護是「不設防」。現在假設我們都已經達到符合這四條的狀態，開始要透過「相信」吸引、創造他所要的一切，有什麼細節要告訴我們的嗎？

關於你要的目標。當你成功的讓自己「相信已經達到了」，沒有一絲地懷疑、猶豫、恐懼；然後就試著放空腦袋，有點像是發呆般地無念無想。你會發現，就在你不經意的時候，那讓你心願實現的、最不合邏輯的可能性和機會點就出現了。你可能冒出個奇異的點子，可能注意到某種跳躍性的連結，事情的成就在過程中會以直覺或徵兆的方式出現，你內心會出現一個篤定的聲音：「是的！這與我的目標有關」、「不知爲何我認爲他的出現對這目標很重要」、「在往目標的路上沒有不相干的指示牌，這事情一定是某種徵兆」。

無論如何，請你傾聽內心直覺的提醒和導引，儘管那可能超越你頭腦的邏輯理解。不要再讓頭腦的理性邏輯爲你設下路障，要知道「成就」根本是「不合邏輯」也「無關系統」的。奇蹟的發生和心願的實現過程，有時是很弔詭的、迂迴的。在一開始，你甚至根本不知道某些遭遇會把你導向你所期望的，但當你願意這樣相信與順隨它，就會這樣發生。你唯一要做的是：**去覺察到那與你目標的關聯，然後繼續你在行動上的努力，在目標完成之前，永遠順著心靈的直覺行動。**

✧用舌頭開啟命運

所以我可以說：如果自信就是吸引力，那麼「真」與「空」的心，就是自信和無懼的開端？

自信、無懼是眞空之心的表現，是對自己的認識透徹。一個人眞正地、完整地認識了自己，就會接納自己一切的可能性，當然也包括承認自己有所極限，於是便沒有抗拒也沒有後悔，而能安住於當下。對任何一個完全「明白」且活在「當下」的人，任何事的成就都是在瞬間完成。因此經上會說「這一切早已爲你預備」。

祢說的這不就是「明心見性」？但這一點也不容易啊！

容易或不容易都是你們說了算！不要忘記，你們的命運就掌握在你對自己的投射或假設上。不論是對內的或是對外的，尤其是對內的，你相信就做得到，不相信的，就算反掌折枝也會困難重重。

所以困難都是自己給設定的標籤、內在的投射……或假設！

是的！你可以認眞想想，當你說「這很難」的時候，到底是眞的難還是其實只是「不想幹」？你永遠知道自己的眞心，但腦袋會創造投射或假設，讓眞實的心扭曲。你可以選擇扭曲的心象，也可以選擇眞心直白，一切都是你們的選擇！

我現在逐漸知道，為何祢說祢不會為我們的人生負責，因為我們自己得做出負責任的選擇。

是啊！很多人成天對外叫苦、叫窮、叫累，卻忘記了，這一切的過程都是自己選擇的。

是啊！包括「叫苦」也是自己選擇的，但這對許多「非自願型受害」的人是否也通用？我的意思是說，很多人在職場或是家庭、社會裡，受到完全不公甚至是黑暗的待遇，也是自己選擇的？

我們之前在第一冊已經討論過這個了。他的靈魂在他腦袋還沒出現時就做了的選擇，但腦袋多半對這「選擇」不相信、不接受，然後接著抗議或抱怨。多數人的腦袋和靈魂都不是同步的，換句話說，身心靈都不在一處。心靈的主導可以沒有腦袋，但腦袋要做的事若沒有心靈的幫助，往往事倍功半。你可以從這裡知道誰才是老大。不知道也無妨，多來地面幾次就行了！

我想我就是那個來上許多次的，誰叫我賤皮反骨不受教！

你的人生有如迴圈，雖然一直在繞圈，高度和格局卻漸次不同。在你的遊戲裡，如果不讓你置之死地而後生，你的小我不會臣服，這是你之所以遇上諸多逆境的原因。人生的試煉是必要的，生命不會出現無必要的梗。從來沒有無用的際遇與經驗，所有的試煉都爲了要提醒你「臣服」，所謂的「臣服」即是「無條件接受」。只有當你可以做到「無條件接受」，如同神無條件愛你一般，你才眞正與祂同頻。

生命讓很多人遭逢困境，目的只是爲了讓他們能夠領悟「面對與接受」，謙卑領受生命中所發生的一切，而非不斷用頭腦企圖干預。雖然外在所發生的一切悉爲幻象，但卻是爲了鍛鍊對內在「負責任」的道途而設。

我看見許多人對於人生「外界」的狀態瞭若指掌，卻對自己「內在」的眞實不願意面對，更別提接受與修正，這當然稱不上是負責任的人生。你們花費許多時間處理外部的事件，卻很少好好的靜下心來看清楚自己。我不是提悟道之類的事，我說的只是老老實實「面對與接受」自己的責任，了解並承認，凡一切的發生都只跟自己的思言行有關，而非凡事只想對外找「最小阻力解」處理或是逃避。這一個對自己責任不肯接受與承擔的心態，是讓生之苦繼續的主要原因之一。

祢一直否定「最小阻力解」，但最小阻力解讓我們更有效率，能夠更有效率的處理問題，不也是面對責任的一種嗎？當我們遇上阻力，又怎麼知道這是「試煉的考驗」或是「要我停止」的徵兆？

效率只是腦袋的欺騙，它讓人的心慢不下來，問問你們的心就會有答案。即便是一個迷於塵世的人，也無法欺騙自己的心，你們很清楚做一件事情的「初衷」是屬於小我之心或是展現格局的宇宙之心。

不管遇上的阻力爲何，從這裡區分，就可以知道該繼續或是該停止，而眞正具有格局的做事態度，是不論繼續或停止，你都願意並且能夠爲你的決定負起責任，心悅誠服地接納一切的結果。一個具有承擔氣魄的心不是小我之心，小我不喜歡負責任，它喜歡不需要付出努力的功勞、虛華的掌聲讚美、氣派的排場和任何可以顯出它與眾不同的表象。

這個社會有很多人創造這份滿足，然後一群人追求。你們爲它定名爲「成功」。「複製與模仿」是當年所謂「成功學」教導的方法，即「成功的最小阻力解」，所謂「想要過成功的人生，先得學習成功者的習性與態度，最好的辦法是找個成功者模仿」。

這話看似有理，卻只對了一半。一是沒說明何謂「成功」，二是身旁可供近距離觀察的成功者太少，於是大家只能透過報章雜誌或書本，汲取經過潤飾與美化的「成功經驗」，卻發現，說來好聽的「觀念與道理」卻不大實用，甚至不管用。

成功其實沒什麼道理，也不需要邏輯，成功只是一直堅持做對的和有效益的事，永不放棄。因爲對所謂「成功」的認識不清與初衷的不單純，到最後，學習和模仿到的不是成功者的「裡子」，反而學了一堆虛有其表的「樣子」。東施效顰的結果，就是成不了功也失去了自己，還用那隨時可能被揭穿的假面子催眠自己「這就是成功」。人前一副英姿勃發的氣勢，人後的日子卻千瘡百孔。苦的不是別人，正是自己，卻也是自找的。

這一切都基於對「欲望」的不認識以及對方法的不了解，說穿了是不知道自己是什麼。直到願意眞誠地「承認」自己追求與營造出來的都是假象，才算是面對了自己，這苦也才眞的「逐漸」消失，於是甘願回歸平淡，從一無所有的眞實中開創新局。才終於了解，原來所謂的「成功」，不是LV和萬寶龍，不是賓士和豪宅，不是排場和抬頭，而是一份眞誠踏實的生活與工作態度，在這之下所獲得的基業方能長青。

眾人只見成就者的結果，看不見鴨子划水的過程，在不明白過程的人眼中，這「成就」彷彿是魔術般的奇蹟，於是就成爲他人口中的「傳奇」。只有做的人知道，一切看似幸運的結果，都是「自助、人助而後天助」的過程，沒有僥倖。這份「自助」可能小到珍惜一粒米飯、拾起一張垃圾，大到裝備自己，好爲心中的目標與機會扎穩根基。

「方法」或許重要，然而少了「心法」，單用「方法」所造的基業，彷彿是在沙灘上堆城堡，絢麗一時，卻旋即湮滅。隨著年紀漸長閱歷愈深，你注意到，多半你順著小我的欲望而行時，經常是贏了面子卻輸了裡子，得了片刻輸了永恆，爽到一時，苦了一世。內在才是一切的根基，若沒有大格局的裡子，裝飾華麗的面子遲早還是空歡喜。

祢這段話我心有戚戚焉！生活裡的大小事件，往往反應人生或是人性。一路活到今天四十幾歲，我有過走錯路，有過恍神，有過消沉，在人生裡載浮載沉。我注意到，心安的關鍵是：你有多快發現眼前的道路是不對的，是無法抵達你要去的目的地。因為一旦發現，你便會修正，剩下的只是時間與速度而已。

你們的心神裡總是有我的提醒，當生命方向必須更改時，其實自己比誰都清楚，只是「自以爲是」的腦袋往往經過小我的分析後，選擇「便宜行事」的「最小阻力解」。要知道，運氣並不總是可以依賴的，偶爾一次的「僥倖」不會成爲常態。最後被打趴，還是得乖乖爬回來，只是已經耗掉許多時光了。不過沒關係，反正你們多得是「時間」，這輩子不夠，下輩子再來玩。

這就是讓更多人的苦繼續的原因。我們如同白紙般的來到世界，隨波逐流地看著一路他人設下的「指標」，卻完全不知道自己要去哪。沒有了內在渴望的源頭，外界的指標只是更多的雜音罷了！

如果沒有目標，你不會知道方向正確與否，也看不到渴望的風景，終其一生為有目標的「別人」努力，然後忘掉怎麼做自己。完成他人的目標，不論是父母的期待、師長的期許、老闆的託付，都應該只是生命中的「過程」，自己還是那位主角。當這過程裡的自己被這些「他人的目標」捆綁到施展不開身手，好像放棄掙扎、否定自我，會成為最簡單的一種方式。

首先，你們每一個都不是「白紙」。每一個人的靈魂紀錄上都有著密密麻麻的印記與宿慧。你要知道，當一個有著諸多印記、宿慧的人要「自我否定」，其實也經歷了相當程度的、自己都不一定知道的掙扎，除非那是他靈魂的設定，但這情況並不多見。

自我否定並不簡單，試想，你要一個很會跳舞的人表現得像是個新手，有多難？只是這種不簡單並不值得自豪，絕大多數的靈魂都會以各自的方式去展現自己的價值和光芒，一個會讓自己黯淡的靈魂一定是哪裡出現問題。不過靈魂是不會有問題的，那麼便是頭腦的制約和慣性了，多半是懶。這部分有個好方法，就是行動，行動到感覺麻痺、自動反射，再行動，再反射。直到心中空無一念。這樣他不僅除去了自我否定，也獲得了某種能力。

我想到佛陀有個弟子，光每天掃地都可以掃到開悟。

這裡說的就是「專注」。專注就是最深的禪定。做任何事情都可以導致開悟，只要你夠專注。

宇宙之心

再為我們說說「心」吧！「心」無形無相，似真似假，變化無常，真叫人摸不清猜不透……

在說「心」以前，務必要先明白，世上有形的事物其實並不眞實存在，它們是因爲宇宙之心的思維降低了振動頻率而沉澱形成。你們的心也具有相同的振動頻率，因此能夠和宇宙之心一樣進行創造。但不論是宇宙之心的創造或是你們頭腦的創造，都不是眞實長久的存有，凡有形有相的，勢必最後都要受到時間的概念摧毀。之所以能夠被時間摧毀，是因爲時間也不具眞實本質。

虛假摧毀虛假，眞實創造眞實。宇宙間沒有一樣事物不是憑依其他事物而能存在，也沒有一樣事物可以不受時間概念的催化。凡眞實者必不仰賴、不憑依、不生滅、不淨染，本自存在永恆不移。外境在「時間」的推遷之下，變化無常，正因其變化無常而不眞。一切都如風一般的虛空。

關於「眞實」，科學上可有明確解釋？若說你開眼可見與可用感官覺知測量的便爲眞實，那你在夢中的見、聞、觸、受又怎麼說？感官知覺是否爲眞？你們所謂的眞實，不過是感官與神經系統反射給大腦的生化訊號，說穿了是身體和頭腦的把戲。當你冥想或催眠時也可以達到相同的效果，但你們卻稱那是「假」的！你們對「眞實」的定義是如此狹隘，以至於這世上以假亂眞。要知道何爲眞實，你只需要保持清明靜默的覺察，就能知道。

✧「心」即連結平行宇宙的靈魂

我不只一次的聽祢提起「內在的平行宇宙」，祢的說法和物理學家所說的平行宇宙似乎有差異。宇宙眞的有那麼一個「空間」和我們這個「空間」是完全平行的嗎？內在平行宇宙與心的關係又是什麼？

地球之外的宇宙是一個奇妙的場域，宇宙不只你們的科學已經知道的那樣，但是和你們的世界一樣，分爲可見與不可見的。在不可見的宇宙裡，其實有著每一個人的靈魂羅盤和生命藍圖的紀錄——那就是每個人獨一無二的平行宇宙。這個宇宙只能用「心靈」的力量抵達，也只有心靈的速度可以超越光速。

「心」是在宇宙間一切做爲的基礎。很可惜，你們的教育體制注重腦袋比注重心要多，一開始就從相反的方向出發，難怪要兜個大圈子。當知一切可眼見與不可見的，都是心的創造，能量都與心相連，你們所有一切的思維與想像都是心的傑作。你們只是對於這心是什麼，以及要怎樣正確地使用心才能縮短創造的時間，有著疑惑。一直以來只有一個心，那就是「宇宙之心」。

「宇宙之心」！我已經聽祢提過多次了！

是的！「宇宙之心」，宇宙代表著恆長的時間與無垠的空間，在那背後，有肇生一切的原力。那是星系與生命的起源，創造的開端。那是我——神！而我將我自己給了你們，那被你們稱之爲「心」，宇宙中與「心」對應的，便是「平行宇宙」，透過心，你們可以從平行宇宙支取，並創造所有一切的想望。

你們的心是神完美的複製品，認識自己的心靈實相，也就認識了神。神不住在別處，就在你心裡；天國不在西方，全憑你意識的創造。神是中性的，既非正面也非負面，既可爲陽所統，也可歸陰所屬，更多的時候是陰陽共治。你的意識狀態決定這個心平庸或輝煌，你的相信程度讓這個心創造或保守。

明明是同一顆心，為何我發覺，自己的心有時候神性充滿，而有時候狹隘窄小，甚至落入卑鄙之流？祢知道，活在這二元的世界裡，受到的影響有時候很難沒有一些情緒產生，而情緒所及，往往容易生出完全與神聖性相反的態度。

沒有誰能免掉這樣的情況。只要你還有具身體，就不能自外於情緒的產生，覺察的重要性便在此展現。如果有任何人想要觸碰自己的內心，他都需要像第三者一樣的觀看自己的生命，以便進入深深的覺察。這是我們曾經在第二冊提過的。

當宇宙之心受有情意識驅使，而傾向負面陰暗，即成小我之心；陽光和陰影總是同時存在，正如二元世界中正邪並存、凡聖同處。小我之心是在這二元世界才會出現的「心之倒影」，一切與「宇宙之心」相左。如果大我之心是神，小我之心便是魔；如果大我之心是正，小我之心便是負；如果大我之心是恢宏，小我之心便是自私。這兩顆心同時存在，以至於你經常會有「善惡之爭」或「天人交戰」的感受。很多人因此舉棋不定、躑躅不前，正好中了小我之心的詭計。

我經常有頭腦清醒、心神清晰的時候，在那當下，我發現自己的覺察力大幅提升，對周遭感受特別強烈。

一般人都誤解了覺察，覺察不是「對外」而是對內、不屬於腦袋而歸屬於心。一種往內深深地看見自己所有的思言行，老老實實地承認，並且廣泛接納所有的一切，說穿了就是「反省」。

但是人們很容易將對外的「觀察」當作自己正在「覺察」，因爲你們仍依賴五官，尤其是心靈尚未啓蒙的人。既然如此，那就深深地觀察吧！事實上，觀察與覺察就像是一個圓的各自兩半，當你深深的觀察，應用你的五感到極致地專注，會幫助你的心進入覺察的狀態。而當你深深地進入覺察，你會處於一種「定境」，在定境中，你將用超越的方式經歷五感。

這部分可以請祢說明嗎？

人類的「五官」，「眼、耳、鼻、舌、身」帶來「五感」，眼觀色、耳聽聲、鼻嗅氣、舌嘗味、身觸感。這是「身體」的功能，但並非是「人」的全部，因爲少了心的關係；沒有了心，這些五感帶來的感受都沒有意義。心若不覺醒，這些身體的功能就會讓你迷醉於這世間，也障蔽你看見屬「人」的全部功能。許多人活了幾輩子，還是轉不開這身體的障蔽，陷溺在五感的枷鎖。

怎樣看見「人」全部的功能？

藉由這些「五感」就可以。

祢又說它們會障蔽又說藉由它們就可以，我被弄糊塗了。

我知道有些人告訴你要「捨棄」五感所帶來的感受，以爲這樣就能夠到達另外一個超越五感的境界。我卻要說，那是自欺，在你意識揚升前，你無法藉由捨棄任何東西來超越它。生命會給你的一定有道理，也都是禮物，你只需要知道怎麼使用，直到它自然消失。

我不懂！

你觀察過一片葉子嗎？深深地看進去，看清它的每一個細紋和脈絡，與它對話、與之交流，聽它說什麼，進行到忘乎時間與所在，然後葉子倏地消失了！你感受到你就是葉子，葉子就是你，你們合一了！這一份你與葉子的合一，就是你將「眼觀」發揮到極致，然後「心」取代之。最後「用心」超越了眼睛和葉子。

你聆聽一首你喜愛的曲子，孤獨而專注地聽著，你注意到每一個樂器的表現，你甚至可以聽出演奏者的表情和歌者的淚。你忘我地聽著，一遍又一遍地陶醉著，忘記了飢餓和口渴，你幾乎成爲那曲子本身，乘著音符遊歷那情境！這是你將「耳聽」聽發揮到極致，然後「心」取代之。最後「用心」超越了耳朵和音符。

其餘鼻、舌、身的感受皆是如此。這五感只要夠專注地使用，都能進到宇宙之心的狀態。問一問樂器演奏者或是廚師等「技藝」的操作者，都能夠得到類似的經驗，不管他有沒有靈性的知識。

說到這個，我想起多年前看過的一部電視劇，裡頭有句台詞說：「用心是最好的調味料。」完全正確！尤其當你在製作的過程中，用對自己的認識與接納，去揉合你對它的了解與愛，你就能夠在平淡無奇的事物裡注入靈魂和生命。

我過去一直以為，要刻意不理會五感，因為五感會障蔽人。

如果你只曉得用「五感」，那確實是一種障蔽，障蔽著心靈。無心的「五感」就像是一座座大山矗立在眼前。它不會走近你，你只得過去，就像你非要用感官一樣！你無法不進入它。當你深深地走進去，才發現當中美妙的景緻而愛上了它，如果你因此駐足留戀執著，你就會一再地待在山裡迷途；當你憶起你的目標按圖索驥繼續前行，你最後會「超越」大山來到一個新天地。在整個過程中，其實你是超越了你自己。

用山來比喻五感，真是恰當！但我想很多人在山裡迷路了。

山很大，但總有足夠的資源讓你逗留，也必有日月爲你引路。當你超越了，你就會注意到，在五感的後面有一個廣大的心靈世界，那裡應有盡有。任何一個領域都可以帶你到那美妙的新天地，要不怎會說「道在萬事萬物中」，只要將宇宙之心融入五感，都能「見道」。至於那些尚未用心，只把五感當作「理所當然」的人來說，因爲少了心的專注，五感自然成了障蔽心靈之物，終其一生只能爲身體服務。

我認為祢解開我的大疑惑！祢知道這五感連結的就是欲望，人們喜歡看美的、吃好的、聽爽的……而欲望會阻攔我們靈性的道路，陷溺在執著裡。

人要捨棄的不應該是欲望，而是對欲望的分別、執著和習氣。對於「欲望」，人生不應有被迫的「捨棄」，只有「自願」、「自然」的放下。而除非你徹底深入地去經歷，在那之前叫你捨棄，你很難沒有白活的感覺。當欲望因「明白」而被自動放下，「欲望」存在的價值也就發揮了。

所以「欲望」不是為了讓人陷溺或享樂，而是從中超越。我曾經有過祢描述的經驗，「自願」、「自然」地放下一些欲望，但似乎不容易放乾淨，很多時候。那些欲望又會回來……

靈性之路就像你順著迴旋梯上行，每一次來到相同狀況的定點，遇到相同的考驗雖然像是「卡住」，但都表示你的高度又超越以往而且繼續高升。

聽祢的描述就像是：超越了五感就會獲得超能力。

你以為「超能力」是什麼？所謂的超能力其實並不神秘，那最先只是你們的本能，後來被這虛幻世間遮蔽，這是我已經說過的。既然只是本能，所以也不需要過度著迷其中，要把它當作你會呼吸一樣的自然。沒有人因為會呼吸而大聲嚷嚷炫耀吧？眞正該讓你們目眩神往的不是五感的超越，而是性靈的突破。

那我們又要如何才能處於「定境」？多數靈修者不是沒有超越感官的「靈性狂喜」經驗，而是如何保持。

我的答案會簡單得讓你吃驚：你願意「專注覺察」就行，但這份「願意」，對很多人來說卻不容易，他必須要心甘情願地、不間斷練習自己的心性不受外境所擾。在一開始，這很有可能讓他在外人眼中看來像個怪咖或是不近人情的傢伙，直到他內在達到定境，方能不受外在影響。

所謂的「定境」，是一種安住於內在的神性狀態，是一種和宇宙之心和諧共振的狀態。如神一般不生滅、無分別、無開始與終了、無善惡、好壞、美醜、優劣。簡單地說，就是心靈的振動頻率高到如如不動的狀態；就像是高速旋轉的風扇，你看不出來它在轉，在這樣高頻的狀態中，心性一定是平衡的，也唯有平衡才可以高速旋轉。

平衡是中道，一開始像鐘擺一樣，不偏左也不偏右，然後逐步提升超越，用另一個視角靜觀一切。當你處在這樣的心性，你可以說你已經找到神、找到中道——其實是你內在的神性。這樣的神性無法被外界測量與分析，更不可被證實，只有自己心裡清楚。

達到定境的人，外在的行爲表現會更符合於社會的倫理規範和人際分寸，應對進退中一般人無從察覺，除了達到相同狀態的人能透過感應知曉。這樣的人已經自由，明白二元的世界裡其實沒有對立，二元也只是幻象。所有一切皆爲中性，如此的完美平衡，以致心無所偏，心智與五感不爲外相所拘束誘惑，而他的生命也因而能有超越常人的成就和昇華。這時候的他可以自由地創造他的世界，世界便是他這份領悟的實證舞台。他說什麼，就在他生命中成就什麼，他可以自由地捨棄與放下，無牽無掛，他的心量無邊無際，沒有障礙，自由來去無有拘束。

任何人都可以嗎？

任何人都可以！這是我安裝在你們生命裡的標準配備，但你們得負責啓動開關。

✧願意、願心、願力

那開關是什麼？

剛剛說了，你們的「心願」。

如果我們的「願」並非是什麼找到「內在的神性」，只是想要讓這身子在世間活得好些，這樣的願難道是沒價值的嗎？難道不值得被神所應允嗎？

問得好！沒有一個「願」是不具價值或不被神應允的。各個生命的階段按其意識程度而發出相對應的願心。如果你的願心是只想「過得好些」，那正表示了你的靈性層級當下的階段，即便如此我也應允。

你們看天空的飛鳥，你們的天父尚且飼養牠們，你們豈不比鳥兒更貴重嗎？除了「過得好些」，在通往神的這段路途上，我給每個人也都發了終極之境的護照，人人只要發心追尋，不論當下層級爲何，都能抵達神之處所；那處所就在你們心性提升之境，而心性的提升則按各人願心所依。

真的只要「我願意」就可以？

神通不敵業力，業力不敵願力。雖然願力的力量如此之強大，但「願意」之後才是眞刀眞槍的生命功課，生命會一再地提供讓你心性提升的境遇，能夠粉身碎骨的穿越而不退轉心願的人卻不多。已經有太多人許下心願要如何如何，結果不是不明白後面有功課，要不就是功課來了卻忙著抗拒，忘記了初衷。你曾經發表過一個和這個主題有關的小故事，你還記得嗎？我認為這個小故事很值得跟大家分享。那個詛咒神的年輕人……

祢說那個呀……我很樂意呀！我也很高興這故事被祢提出來分享！

有個人性情不佳，做著不高不低的工作，心中鬱悶。天天盼望著神給予他谷底翻身的奇蹟。不久他失業了，連不高不低的工作都沒有。因為沒錢繳房租，被房東趕出屋子。最後他生病了，病得很重，幾乎要死去，吃不下睡不著，精神萎靡全身疼痛。他在病中用惡狠狠的話對著神咒罵著：「爛神！不但沒讓我發生奇蹟，還讓我每況愈下！」

一個朋友來探望他，對他說：「你禱告要谷底翻身，禱告應驗了，你現在正在谷底。神正在實現你的心願。神正在動工，可能過程中會發生一些和你『以為』的不太一樣的事，但只要你有信心面對，願意相信這些過程都是為了要成就你的，奇蹟最後必定會出現。」那朋友說。

因為生病的關係，不能到處走動，那人開始安靜，治療中開始反省自己一路以來的性格和所為。他發現自己一直都未曾真心承擔生命裡該負的責任，諸事逃避，推諉卸責。他下定決心要改變這缺點，開始真正為自己的人生「負責任」。

「很好！這份反省便是神讓你生病的主要目的，而你的改變就是這場病的正面效益。」他的朋友說。他開始體驗到，**神的功能不是奇蹟供應器，而是讓他自己有能力去開創奇蹟**。第一步就是深入地、真誠地對自己進行反省，然後修正。不久他的病好了，他用全新的態度找到了一個新工作，因為心態變了，工作態度也不一樣，於是不久就獲得升職，收入也增加了。

「神幫助我創造了奇蹟！」他感激地說。

好美的故事！你寫得出來我就相信你沒忘記那場病。

十幾年了……我還是要說謝謝祢！我可以說，以我的性子，沒把自己搞死已經是奇蹟了，如果還能有點成績，那根本就是神蹟！

不過下回禱告時用字要精準，別忘了「谷底翻身」你還在「谷底」……

那「鹹魚翻身」怎樣？

那你還是鹹魚啊！

我體悟到，一個人只要有心、有願，還能將負責任的態度落實於生活的細節裡，將可以為他創造出不可思議的生命景象。這才是人活在世間所憑依的能力啊！

眞正重要的不是他有什麼能力，而是他在這一生中明白了什麼？一個眞正有能的人絕不會恃其所能，正因爲他不恃其能，凡事不忮不求、不盈於懷，立於中道，能無所依，不枯不榮而無所不能。所以，在你認出這份「能力」之後，哪怕你已經在生命裡創造了許多奇蹟，你還「願意承認」自己其實是「無能」的嗎？你願意立於中道而不偏倚嗎？只有當你不再把「奇蹟」當作「奇蹟」，那眞正的恩典才會到來。到目前爲止，就我看來，你才剛暖身而已……

✧ 謙卑與臣服

為何我需要「願意承認」自己是無能的？

「願意承認」是一種接納的態度，這樣的態度是讓自以爲是的小我對大我臣服、對萬物謙卑，好開啓你內在宇宙之心的神性之光。沒有一個找到內在神性之光的人不是經歷小我的臣服或放棄，只要你還有一絲自以爲是的思維，我就會把主權再交還給你。

對，直到我們倒地求饒、呼天搶地，祢才來搭救。

讓人感到不幸的事或心碎的打擊，並非是我造成，而是你的天命提醒，告訴你：孩子！此路不通，你該轉彎了。

我曾經因為批判、攻擊，讓自己很痛苦而尋找解決之道，祢猜我發現什麼？我開始為他們當時對我所做的攻擊、批判找理由。我注意到，當開始可以為過去所批判、不爽的人與事，找到對方這麼做的原因和理由，才開始有了真正的「同理心」。這份同理心讓我開始願意「修復」與「接納」。這不只可以和對方修好，也可以放自己一馬。身體的歲月不長，夠聰明的不用等到老天親自來教。

身體的歲月不長，夠聰明的不用等到老天親自來教。這句話說得好！

問題是，很多人既不聰明又不受教！

你老毛病又犯了！你也確實遇到許多的委屈，我理解你只是需要發洩。很多時候，我們用自以爲是的正義與眞理還有愛，去向對方進行自以爲是的批判、攻擊。是的！我們可能先受到了傷害，在這個原因的合理化下，我們不會超然的看見自己正做著最不願意他人對我們做的事。

我們自以爲變成正義和眞理的化身，卻成爲扭曲與邪惡的同路人。自我反省與檢討，不是人人每天會做的功課。我們很少用眞正的武力對付我們眼中的敵人，但我們可能在背後施之以口水暴力，批判、攻擊、落狠話。一旦站到對方面前，可能之前的狠勁全不見去。如果你是眞理的一方，爲何在人前躲藏、人後囂張？如果你是對的一方，爲何咒罵後你依舊不爽？

換個方式吧！去理解他。在理解對方之前，先假設可能自己無意間傷害到對方、阻擋到對方，而讓對方與我們爲敵，我說過，「開關」一定在自己身上。爲自己這無心之過，在內心深深地向對方表示歉意與友善吧！這樣主動的自省和理解，是最大的智慧和慈悲，你因此而「不住」於這份對立的能量，其實是讓自己自由。

如果你發現有人拿著利器與你對上，很有可能是因爲，你手上也拿著一樣的東西。放下後，你會看見另一個全新的對方還有自己，然後二元性的對立就失去了根基。當你放下了，對方也會放下。如果對方依舊拿著，說明了他的恐懼，這更值得你慈悲對待。一個活在匱乏與恐懼下的靈魂，豈不值得同情？再多的光鮮亮麗，掩飾不住恐懼匱乏的塵蓋。

生命裡沒有考驗，不會相遇，遇到了就是自我超越的契機。你們何其有幸，能以敵對的面向在此生相遇，去完成必經的課題。如果你選擇終結這份課題，超越自己，那麼在靈裡深深地向他鞠躬道歉，主動地化解這份糾結吧！你不需要眞的面對面，只在你單方面深度地眞誠表現，就會在糾結的量子層面引發改變。然後你就會明白，原來降伏敵人眞的可以用愛，卻不是先去愛對方，而是透過愛自己。愛裡沒有敵人，一個對自己有愛的人，不會允許用非愛的方式對人。

祢這篇又讓我有做不完的功課了！祢知道祢說的這些並不容易做到，這世界很多時候就是：你不惹事，事會惹你，你不找麻煩，麻煩會找你。身不由己啊！

所有之前你所遭遇到的攻擊、傷害，都是他看到在你身上有他「需要」但「沒有」的東西，因爲恐懼所以要阻擋，因爲匱乏所以要獲取。所以，你認爲在這局裡，誰才是弱者？凡需要用貪婪、占據、欺騙、攻擊的，其實都已經宣告自己是魯蛇，那些招數不過是用來呼救的口號。眞正的強者不是與他們抵擋，而是看出這個眞相，並如如不動。強者，從來是不需要設防的！

究竟是我們「創造」或「吸引」了那讓我們受苦的情境，還是基於那不可歸咎於自己的原因？

所有的一切狀況都是「被」創造出來的，最多的是被「感受」創造出來，其次是「想像」。「感受」、「想像」吸引了情境出現，然後情境又交揉感受。表面看來，像是我們「被牽引」進入那情境，其實沒有你的心的「共謀」，這一切都不會發生。所以才說：「內在沒有開關，外面就不會有事件。」心才是創造一切、吸引一切的總開關。

有太多人終其一生不知道或是找不到這顆心，只好被「外境」奴役。只是世間外境的這場奴役帶著催眠的作用，讓你們在歲月與人生當中盲目衝撞，渾然未覺，直到你終於在一個特殊的時刻告訴自己：「這一切都不太對！不應該是這個樣子！出口在哪裡？」然後你才開始啓程探索生命的眞實。

這個像是「終於醒來」的特殊時刻，是每個人都會有的嗎？

是的！你曾經有過猛然地意識到「我怎麼在這裡」的時刻嗎？彷彿你之前不屬於這裡。你會再度迅速地憶起你是「現在的你」，於是繼續現有的人際關係和家庭，可是你的細胞會帶著這個讓你曾經有過片刻特殊感受的「狀態記憶」，等待著、追尋著。看你是被動地讓「醒來的約定」找到你，還是主動上路追尋「覺醒」。多數的人浸淫在生存大戲裡，沒空理會那和鈔票、工作、地位看來無關的「狀態記憶」，或只是有一搭沒一搭的跟「覺醒」眉來眼去、若即若離。多數人是如此的，而這也是爲何這世界總是需要那麼多的提醒者的原因。

要是總是喚不醒呢？

你們的角色是「提醒」，不是「喚醒」。一個人的「覺醒」，永遠與他自己的意願和態度有關。有時候人們會故意讓自己不清醒，好獲得更多的關注或是繼續地逃避。這一類的人們需要更多的時間。你唯一能做的就是「Stay & Watch」，什麼都不要說，不要評斷，讓一切繼續。

如果那人攻擊呢？也讓他繼續嗎？我因為這樣的緣故，承受了許多的打擊。「出道」以來，我一直是幸運的，有幸結識許多這個圈子的前輩和高手。有許多的前輩給予我很多的鼓勵和幫助，我很感謝他們。我自問這一路走來，我沒有公開批評過哪位同修，也很少去跟同業做比較，只有拿自己跟過去比。大概是以前的日子太慘，眼下的生活我已經超滿足，一個滿足的人是不會忌妒的。但我卻成為有心人攻擊的對象！

你有那麼容易被擊倒嗎？難道過去歲月的經歷，沒有爲你撐出一片心量嗎？所有生命中發生的「被動」傷害攻擊，你已經知道，在最上層來說，是自己的創造和吸引，其目的只有一個，就是「擴大心量」。只有心量柔軟寬大的，能夠容納神性。《聖經》上說：「絆倒人的事是免不了的，但那絆倒人的有禍了！」這禍是因爲他們的心剛硬，不能得見神。

孩子！這世上不論哪個圈子，都是一人一把號，各吹各的調；一人成一國，各成各的佛。多心的人喜歡比較批評，老弄得自己不開心。其實各人有各人的因果和道途，沒得比、不用比也無須比。他厲害，那就厲害他的吧！他驕傲，那就驕傲他的吧！他紅火，那就紅火他的吧！因爲你不知道他的明天，他也不懂你的今日。

楓樹下的小草從來不會忌恨楓葉紅火，楓紅也不會藐視腳下的長青。遭人忌也是一個幫自己領悟的功課，學學用他人的角度看看自己。人家表面上風光，不見得底下也燦爛；上下都風光，也不一定能夠基業長青。在觀察與被觀察中、在自己深沉的入定中，你終於發現，羨慕跟忌妒其實都是多餘的。因爲他不是你，你不是他。既然不是，就不會懂對方；既然不是、既然不懂，相比就耗費了無謂的心力。

還是把注意力用在自己身上吧！天生萬物各行其道，米養眾人各自安生。當眞正明白「你的世界」的眞實只有自己能創造時，外在的什麼都變成不須在意的幻象。除了自己，你其實誰都不認識，誰都難掌握。妙的是，當你眞的把自己搞清楚，外面的也就一目了然，就懂得了順勢而爲、趨吉避凶，就做到了當下心安無有所住。這就是生命最後的了悟！

我其實知道一定會有批評和攻擊。攻擊，我一定頂得住，善意的批評，我洗耳恭聽，惡意的就會讓我不舒服。我知道我很台，愛聽演歌和台語歌，會罵三字經，我有刺青，一臉壞人樣，做事衝動、說話直腸子。如果要票選全台最沒有身心靈風格形象的作者，我排名應該蠻前面的。朋友常勸我要注意形象，但我不喜歡所謂的「形象」這東西，總覺得要刻意維持形象很累人，做原本的自己不是很輕鬆？你是什麼就是什麼，幹嘛戴著面具？所以我就是做我自己。

那有什麼錯嗎？我認爲「自己」這角色對你來說很稱職！而且……很符合市場上的胃口。要是每一個人都很清楚自己是什麼、該做什麼和怎麼做，不只可以打開各自的市場，而且能夠天下太平。因爲每個人都知道自己的獨特性，也能認同他人的獨特性，不會有人忌妒、自卑或是凌駕他人。

但就是有人會認為，搞身心靈的該有怎樣的形象或給人怎樣的感覺！

不必在乎，你無須取悦任何人！你只需要與時俱進地透徹你自己。要是每個人看自己的時間多過看別人的，世界不會有太大的問題。

不必擔心人家誤解，有時候誤解只是偏見和挑釁的包裝。了解你的不用解釋，不想了解你的解釋也多餘。所謂的澄清，對一張什麼都沒有的白紙來說，只是越描越黑。那些他們的「感覺」都是他們自己的「設定」與「標籤」。他們忘記了，「他的」世界或許是繞著他轉，但不是每個人的「世界」都必須要符合他的「設定」。

我內心有很長的一段時間被這些人我之間的關係和糾葛弄得很煩，我很想藏好，只是我還是必須要一個「出口」，所以我找祢倒倒垃圾。

你倒吧！要是我無法幫你把垃圾回收，那就是這垃圾裡面有黃金，你得自己去找出來。人生要忙的事太多了，容不下太多鎖碎。能解決的事不用煩，不能解決的事煩也沒用，別人的事更輪不到你煩。這些出自他人口中的一切言語都是「別人的事」，雖然他們談的可能是你。

成為這個角色之後，我才算真正的見識到人性、神性以及偽神性分別在世間造成的影響。或許我不該去論真偽，反正都各有各自相應的對象，只是有時夜裡輾轉思及過往，每每有種「看穿、看透不過如此」的感慨。

人的眼睛有黑白。用黑眼看世間，就會清楚人世的黑暗，惡也平常；用白眼看自己，就會知道小我的顛狂，瘋也正常。哪一天看啥都黑不黑白不白，要不是瞎了，不然就是悟了。

我可以分享我自己的「聲明稿」嗎？

請便！這不單是你的，也應該是這圈子每一個人的。甚至，應該是社會上每一個圈子的。

站在台上，我是個分享者，認識我的或是聽過我分享的都知道，我身上看不見他人投射的老師或是大師的形象，反而更像是你家隔壁的大叔或是街頭上的台客，有時候甚至有點粗鄙。我並非刻意如此，我喜歡的正是「不刻意」。我本是什麼樣子就示現什麼樣子，任何矯飾的姿態都是假掰和虛偽。我不會為了滿足聽者的預期，就裝出一副神聖清高的模樣。

我心目中的修行人是沒有一定外在形象的，任何「以為」站上台分享身心靈的所謂老師，都「應該」要有「身心靈老師樣子」的聽者，我一定會讓他失望！乾脆別來！我的許多讀者、學員，他們的人生閱歷和成就都在我之上，我能「教」他們什麼？不能！我唯一能做的是分享我自己的經驗。剩下的他得自己來，我也不需要為他的道途與成敗負責。

我能接受世間一切的法門、宗教、派別……的存在，但是拒絕受其制約與教條。尤其是將自己神格化、宗教化的「大師」，更是讓我敬而遠之，這也是我為何不愛人家這麼稱呼我的原因。

說起來，我出身草莽，是個不受教的傢伙！我知道的很少，但你知道，人們最內在的神性就是自己的最佳導師，任何一個人企圖僭越這道線，成為他人所謂的「標準」所建立的制約、戒律、儀軌……都會讓我頭皮發麻。

我不反宗教，我反盲從。一切皆出自本心本性。識得本心，諸法自在；不識本心，學法何益？人，需要的是信仰，不是宗教。要問的是自己，不是大師。人們心中渴望的是愛、自由、平和與豐盛，不是答案，因為這世界從來不缺標準答案。要涅槃、要彼岸、要成佛的別來找我！我可不包解脫！

人生道上，路得自己走，沒人替得了。別人說的話，再中聽，再有理，再有共鳴，少了自己在生活上的實修與參悟，依舊是糟粕。我這人不受教，所以我只能孤單地在簡單的生活中去實證，然後分享。如果有人喜歡，謝謝一鞠躬！有人不喜歡，我照樣感謝！我一直是這樣在群體中孤單地走著，像一匹孤狼，風霜一身卻難掩自豪。

寫得好！我爲你感到驕傲！要不是你這性格，我還不找你哩！我們合作的第一本書，在你五年前的生日簽約，那有著重大的意義。在你踏入出版社的那一刻，他們甚至沒有決定要出版它，但他們瞬間扭轉這個決定而簽下合約——在你的生日當天。其實那合約不是你的生日禮物，禮物是你自己，開啓了新生的你！你還記得簽約後他們對你說了什麼嗎？

✧面對「自己」的挑戰

記得！那一段話我永遠不會忘記！其實我清楚當時的自己只是一個名不見經傳的傢伙，按理不應該受到這麼大型公司的青睞，被拒絕根本是預料中的事。但他們簽了我，還告訴我：

「你知道這是一條很艱辛的道路，你走上去會遇見許多的批判攻擊，你要挺住……」我嚇了一跳！因為這不像是一個大型出版社會對新手小作者說的話。在回家的路上，就聽見祢對我說：「背起你的十字架跟我走！」當時我深受感動，我對祢說：「我願意！」直到現在。

那麼現在你仍然願意嗎？在你已經度過五年的歲月之後，在你飽受流言攻擊摧殘之後。

當然！不管我以前怎樣，也不看我以後會如何，我願意作為祢的器皿，任憑差遣，此願不改！過去我沒什麼好損失的，現在我沒什麼不能捨的。

能捨就好！你得先掃雷，掃你心中的地雷。若有任何引發你不快的，都是幫助你看見並掃除的地雷，唯有掃除地雷，心量才能夠廣大。

人因著成長過程的被迫、不平、壓抑，往往形成隱而未爆的性格地雷。自己不快樂，別人也容易誤踩雷區，與人互動更容易因自己的「黑暗投射」，而產生更多的負面輪迴。這地雷沒有解決的方法，只有讓它爆炸。好消息是：你可以控制它爆炸的威力，使之不影響他人，讓它只是「茶壺裡的風暴」而不擴散。

該怎麼做？

你首先要保持覺察，並注意到「我要爆炸了」，然後「有意識」地暫不發作（非壓抑），平靜地自問自答。我知道在情緒正要發起的當口很難，但那也正是最需要練習的地方。

這是「覺察」的第一步，自問：「如果外境是幻，只是我內心的投射，那表示，一切都是我內心對這事件起反應造成的。我爲什麼會起這爆炸的反應？我爲何要與這事件相應呢？是啊！我竟然把這當成好重要的『事件』啊……這究竟是爲什麼呢？這當中有什麼功課嗎？」

第二步：對自己內心「起疑情」（但不是自我懷疑、自我否定，不要搞錯）。開始向內心、向過往去尋求答案，事出必有因，無風不起浪。有鎖頭就會有鑰匙，只要認眞找，一定會找到。可能出自原生家庭，可能在學校，可能是某個特別的事件導致。

第三步：「自我探索」。這裡最難、最久，因爲你會停停走走。當你找到「原因」以後，自問以下的問題可以幫你快速穿越：「這事件發生在別人身上會重要嗎？」、「這事件一百年後還重要嗎？」、「所有的人看這事都會像我一樣嗎？」若都是否定的答案，那究竟是爲了什麼，我內在起這麼大的反應呢？這次你可以更平靜地再次進入你的內心深究。

每個人地雷不同，形成原因當然各異。當你找到「因」，那與之的「果」（爆炸）也就消滅了，自此地雷就除了。因果滅，業力了。記得感謝那個引爆你地雷的人，沒有這位逆境菩薩犧牲自己在你心中的價值與形象引你投射，這地雷將一輩子跟著你。

「業」就是你自己累世種下的地雷，「自己的業自己了，別人替不了」，如果人生是來「了業」的，除了這個「對自己負責任地深入探訪」之外，我不知道有別的更有效方式！因爲任何的外求都是另一種投射而已，而且花錢。對自己負責任，一直都可以是免費的。而因果，從來不是錢能解決的。

就算能夠掃除心中的地雷，我還是想知道，究竟人為何會忌妒？忌妒真是人性裡恐怖的地雷啊！

「忌妒」其實只不過是一種「覺得自己不夠好」的投射，但若任憑這心中的情緒加壓，就會失去了「讓自己眞的更好」的可能，因爲忌妒的情緒會吃掉你，一根骨頭都不會剩。

注意到自己忌妒是好事，它讓你更明白了吸引你的是什麼，而你忌妒的對象則提供了一個清晰的目標。只要你不讓忌妒失控，它可以帶你成就你要的；如果你還能堅持很久，你甚至能超越原本忌妒的對象。

居於下風不代表差勁，那只是潛能展露的前期，表示成長進步的無限可能。所有的存在都有效益，包括負面的情緒。正面的應用被稱之爲「負面情緒」的能量，就可以扭轉奇蹟再造人生。本來就不存在所謂「弱者」，除非你自己同意。而如果你人紅遭忌，請回去看看你母親寫給你的短訊。你可還記得？

記得，我一直沒刪，那簡訊寫著：「持續做你最真的自己，如果你因此被討厭，全是因為那些人做不到你做的。『不敢』或『不能』或許引發了人們的攻擊與忌妒，但絕對無法限制你！因為我知道你是上天的孩子……」

忌妒是無能的人所能給你最高尚的恭維。你媽媽是你的第一位天使，也是帶領你來的那位，在你感謝的所有天使裡面，不能忘記她，她給了你很優質的稟賦。關於忌妒，她此生的經驗並不多，她有不忌妒的智慧，所以可以教你遭忌時的態度。

忌妒是小我裡最讓人痛苦的情緒，源自於對自我價值的不認同。忌妒直接抬高了他人的位置、貶抑了自己。因此，**忌妒者永遠不會超越所忌妒的對象，直到他終於找到對自己的正面評價**。在那一瞬間，他看見每一個人都熠熠生輝！

但是，忌妒的人往往不會承認自己是忌妒的。忌妒是負面的人性裡最常出現、也是最容易包裝的。最簡單的就是：用道德去包裝忌妒，然後進行攻擊。其實誰都清楚，道德只是藉口，攻擊才是目的。所謂的忌妒只是：對於你做不到而別人做到時的自然反應。

他何須承認？就讓忌妒的繼續忌妒吧！你持續展現你自己的能力，但是低調點別顯擺，這不是爲了保護自己，而是，自然界的本質是：越有能力越趨向安靜低調。有能的人容易遭忌，宜用不顯明的方式去發揮自身的能力。所謂的「能」指的是特別與專屬的能力，（記得前面提到的『桿子』嗎？）千萬別在這專屬的「能」上顯擺。

你可以培養另一種大家都可以有的能力，並且透過用心與堅持，把它做到最好。人家看見的是這個「我也行」的能力，而非「我不行」的。不到非必要的時候，不在「獨有能力」上輕易露手，要露手也只能在相應與機緣俱足的情況下。即便這樣，也只能讓遭忌的機會少點，不能完全滅除，因爲人性始終有盲點。

努力做一個眞正「有能」卻「無懼」的人，只有無懼，你的施力才會有效益。這年頭抱怨的人多，努力的人少，忌妒批評要比眞心學習容易，打壓別人要比自己出頭方便。當知道對方屬於「都是別人的錯」這類人時，不管你有怎樣的能力，都得藏好點，當個「不露相」的眞人。即便不是爲了防止混亂的人心攻擊，也是爲了自身的修養和平衡，讓自己向大自然請益，氣納山河、巍然不動。每一次你爲修煉自我而做出的努力，上天都爲你紀念著。

我想我願意原諒寬恕當時他們對我所作的傷害。和許多人一樣，我成長在倍受壓抑和否定的家庭裡，從小因為性格反骨的關係，加上本來就不屬於乖乖牌和資優生，因為調皮叛逆，更是被徹底否定。叛逆的長大過程並沒有讓我嚐到甜頭，我開始否定自己。

我永遠記得，當我因為想要改變自己的人生，而開始當推銷員，我有多麼地害怕和陌生客戶破冰交談。當時的我，前途茫茫自信全無，當我頭一次聽見「你值得擁有一個有價值的人生」這個觀念，我一方面高興，一方面又害怕，多次激動到掉眼淚。祢知道的，當人受到很大的刺激或是鼓勵，眼淚總是會很真情的流露。

我這麼一個外型不討喜，背景不優，口袋沒錢，性格叛逆的傢伙，在生命的前半段，可以說是苦頭吃盡，老天像是要磨平我稜角似地，讓我經歷許多性格上的考驗。一路上，人性叢林裡所有人會遇到的情境，我都加倍地遭遇：被騙、被害、被揍、被羞辱、被中傷、被惡語、被忌妒、被暗地裡使絆子……

在那些舔舐傷口的日子裡，要保持積極正面是不容易的，但也正因為我經歷過，我知道那個過程需要什麼。也因為這些人生的經歷，我也才能反其道而行，有一個明確的指標。但很不幸地，雖然我可以成功的激勵我自己是值得的，但我無法改變他人對我的態度與看法，尤其當這些態度與看法充分展現「人性」的時候。我說的是負面的人性——忌妒。

我常經過小彬彬的羊肉爐店，開車經過他的店，總看他忙進忙出。他曾是紅極一時的童星，現在長大開店當老闆，也總是親力親為。一兩年前，有人批評他把自己兒子當搖錢樹，讓他又上了媒體版面。我每次經過他的店，總會想起這個新聞。我無從得知他讓孩子進入演藝圈的真實心態，但我知道，一個人憑條件和本事賺錢，只要合情合理合法，旁人根本無須罵也不該罵。

有些人會把自己的不足投射到擁有的人身上，然後攻擊他人來平衡自己。你或許沒有一個有才藝的童星兒子，但你一定有什麼是別人沒有的，一定有什麼是他人不會或是做得沒你好的。強化它，你就不必羨慕與忌妒他人。如果你找到，而且做得好，這時候換你會被忌妒。但不用怕，這時他人的忌妒，其實只是變相的恭維。不遭人忌是庸才，尤其當你的才能威脅到他人時。

要知道，並不是每個人都希望你可以功成名就、脫離魯蛇。那些當時在你默默無聞時給你傷害最深的人，對於你的成功絕對不會給予正面的稱許，而且你越成功，他們越痛苦，當然他們也不會讓你知道。但依著你對人性與同理心的了解，你會知道，他們不願意看見你、不願意談論你，甚至不願意想起你。因為你每出現一次在他們的眼前和腦海，都在提醒他們，當時對你說的話、做的事和表現的看法有多麼淺薄無知，或至少你提醒了他們，誰才是真正的魯蛇。

三十年河東、三十年河西，風水會輪流轉。如果你持續精進自己，不會永遠在低處。我知道被傷害的痛苦一定會讓你永誌不忘，這個痛會幫助你不懈怠。但請你更要記住，最佳的報復不是譙回去，或是做什麼傷害他們的事。你只需要讓自己活得更好，而且越來越好，不斷超越之前的你，這就夠他們難受的了，而且我保證，他們一定會知道你越來越好的消息。這個難受與汗顏，會讓他們永遠消失在你視線裡。如果再有機會碰面，別躲，開心地迎上前去，給他一個熱情的微笑，真真切切地讓他「近距離感受」溫拿和魯蛇的區別。

沒錯！你不用跟別人比，你的對手不是他們，是自己。當他們還把焦點目標鎖定在「外面」，只有開始鎖定「裡面」的人會勝出。不管你眼下的現狀如何，只要你願意起而行，開始改造自己，你就能擁有一個真正值得的生命經歷！

好一篇給自己的激勵文！「原諒」一個人不代表「認同」他的對或是錯，只是不再繼續給予自己與對方負面的能量。「寬恕」一個人也不代表「接受」他的不當，只是從當中看見了彼此相同的本質。可惜的是「原諒」一詞有著對立的分別觀，「寬恕」一詞有著上下的高低差，二者皆容易讓人誤解眞義，產生分歧。那麼用「超越」表示吧！

超越不是沒有比較，而是看見了比較的結果。超越不是沒有計較，而是知道了計較的原因。超越不是沒有批判，而是了解了批判的本質。超越不是沒有情緒，而是認識了情緒的眞相。超越不是不會攻擊，而是明白了攻擊的初衷。超越不是不會犯錯，而是加速了修正的速度。超越不是沒有小我，而是時時刻刻清楚覺察。

有時候，在小我的影響之下，我們常常忘記要覺察，常常衝動的被情緒挾制，然後說了不該說的話，做了終身遺憾的事……

小我如影隨行，無處不顯，在情緒裡讓人盯著「負面事實」去進行「負面解讀」，做出負面的臆測、談話和決定。當結果果眞負面時，又現身加以指責。小我就是那誘惑人犯下不當之事，之後又以正義之身行責備的。

仔細地、用心地、反覆地聆聽自己對自己說的話，然後靜心停三秒，去覺察那是正面的或是負面的、積極的或是消極的、制約的或開創的、小我的或是大我的……往往，問題都是自己想的、麻煩都是自己找的、困擾都是自己造的，無非因爲搞不清楚是腦袋的還是神性的？搞不清楚事情是別人的還是自己的？小我往往無端生事，以致承擔因果，這無關命運。因果說的是「一切都是自己的選擇」，當「搞不清楚」時，就容易被頭腦帶著走，但就連要不要搞清楚，也都是自己的選擇。

外面沒有別人，一切都是自己的責任！了解了這一點，就等於喚醒了內在的神性！要知道，外在狀態往往與內在相應。你要是處在小我狀態，則看他人表現都像是小我與邪惡的魔鬼；你要是處在神性狀態，則看他人表現都像是菩薩與天使。這與他人對你做了什麼無關，與你自己當下的層級次第有關。

✧你創造你渴望的自己

所以，會說出怎樣的話，端看你是怎樣的人；會發生怎樣的事，也端看自己是怎樣的人。從來不是事件影響人，而是人創造事件、吸引事件。你是怎樣的人，決定一切的發生。

關鍵不是「你是誰」，而是「你是什麼樣的人」。「你是誰」只在人際關係中管用，而「你是什麼樣的人」，卻會讓宇宙決定有關你人生一切的發生。這就是「祕密」！

我該怎樣改變，或是重新創造「我自己」？

心靈的改革是根基，但對許多人來說，並不容易也不好入門。從話語開始吧！心是本空的，在世間要透過語言來溝通，語言充斥著你們的生活，也表現了你這個人的心思，更彰顯了「你的世界」要如何呈現。

人人都會說話，但不是人人知道說話的力量，以致經常口不擇言或言不及義。先撇除語言在形而上領域的創造功能，在低階層面上，你們很自然的用「語言」跟自己溝通以及和別人互動。只是我必須說，在語言上你們忽略了一點，很重要的一點，這深深地影響了你們的人際關係與自己的快樂。

我想我們忽略的「點」已經太多了……祢指的是？

標籤！因為頭腦的關係，你們對人、對事、對物都會有自己的「看法」，當這些看法被自己用「內在的對話」重複多次，就會出現「定見」，這時「標籤」就形成了。累積夠多的標籤就會變成性格，不論這標籤是自己貼的或是別人。

心是創造一切的開端，語言是心的工具，而標籤則是語言的結果。你說出的話語就代表著你的心，頭腦或許可以幫忙扯謊，但最後的話語還是藏不住眞心，就算你閉嘴，眼神也會透露無聲的語言，洩漏祕密。

你們如果不是在許多人與事上學不會「不貼標籤」，要不就是學不會「抖落」被別人貼的標籤。這讓自己經常性地會在意他人的眼光看法，甚至活在其中。對有些不願踏實的人來說，甚至會主動追求這種被他人在表象貼標籤的機會，享受那份虛榮，而不是眞正成爲那個本質。要知道，別人在你們身上貼的標籤已經夠多，自己又「設定」了一堆狗屁原則的標籤，然後就讓自己活在這般充滿偏見、主觀、制約的牢房裡，然後把這牢房當成豪華別墅自得其樂。

所以我們才老說要「打破框框」啊！不然永遠住在心靈的牢籠。

本來無一物啊！框框都是你們搞出來的，然後又嚷著要打破，只是打破後，你們依舊順著習氣建立新的框架，如此循環不已。當舊的框架和新的框架發生衝突，你們的價值觀就出現了矛盾，而眞正來自最高領域的價值觀，是不存在矛盾的。凡會產生矛盾的價值觀，都屬於二元性，那並不是價值觀，那是制約。對許多人來說，這部分不作改變，才是讓他費盡心思、想方設法卻依舊勞無所得、活在痛苦裡的眞正主因。

那什麼才是「最高領域的價值觀」？我知道有不少人活在正面積極的狀態中，卻遲遲未見生命的改變或生活的改善，究竟是哪裡出了問題？

記得之前我們說過的「要有耐性」嗎？沒有耐心是信心消失的前兆，尤其是在事與願違的時候，你們切不可失去信心。我不希望你們把「過好日子需要熬上許久」當作是一種制約。制約往往與信念互爲表裡，你可以爲自己「設置」能讓自己越來越好的制約，也可以「設置」讓自己越來越難過的制約，用的全是你的「信念」，而你的信念則來自你的「價值觀」。

所謂的「價值觀」就是：宇宙之心進入你的靈魂，並結合你的意識之後所表達與彰顯的力量。它驅策你向左或向右，提升或是沉淪，它讓你清楚事物的眞相，它讓你了解自己是什麼、會什麼，它讓你創造和吸引一切生命中的發生。

「最高領域價值觀」彰顯於外，便是你所「相信」的思言行（支點）；擴散於內，便是對「平行宇宙」的創造（桿子）；往更高處，是對「宇宙之心」的仰望（槓桿作用）。凡「對神不仰望、對內心不創造、對自己不相信」的價值觀，都屬於短暫的二元性，它所服膺的「信念」，終究會形成捆綁自己的制約。

此三者只有三個都是正面時，才能發揮百分百的靈性力量。一個人不論身處哪個領域，心中有神、有愛，就能發揮最大的槓桿力量。這個槓桿作用不用技巧，天自安排。很可惜，此三者多數人只用了其中一或二項，而讓創造的力量減弱。

「最高領域價值觀」對人的影響特質是：只對「相信」的事起回應，對「想要」的則否，因此你不會得到你「想要」的，只會得到你「相信」的。你不可能欺騙自己的心、違背自己最高的價值觀，相對地，你的心與價值觀也不會背叛你。這正是「你創造自己的實相」之解釋，你的生命色彩因爲這最高價值觀而彰顯，因相信而起飛。

祢把價值觀說得真棒！結合了槓桿原理，彷彿它能舉起地球。但很多人的成就不靠價值觀或是槓桿，單憑頭腦靈光就行！

是的！很多人是靠做著與自己信念不符合的事情而活著，這樣的日子裡，天天都是煎熬，所以不快樂的人很多。腦袋受外在影響而導致的制約，確實會產生某些「認定」或是「標籤」，當這份認定與標籤被重複多次，根深蒂固，就會在行爲上發生改變，而行爲的次數形成性格。不管這改變帶來怎樣的成就，仍是腦袋的作爲，屬於小我的範疇；凡透過小我所創造的，皆屬短暫，難以持盈保泰。

自你最內在而生、由你存在以來的「宇宙之心」和「平行宇宙」的最高價值觀，卻可以超越這份頭腦的制約，那才是你的本來面目，也就是說，那一份老天賜與讓生命起飛的槓桿作用，一直等著你啓動。與頭腦相比，那份內在最高價值觀之啓動與彰顯，更像是一種「宣告」、一種「願力」，我們爲祂取名「神聖價值觀」吧！

當你們深深地被頭腦的「標籤」與「制約」挾制，受外界諸般現象侵擾，甚至主導，那一份「神聖價值觀」就會隱而不顯，這便是佛所說的「無明」，因無明而生「障蔽」。那份「神聖價值觀」便是你的「自性」。自性從來不曾消失，而且光明永恆，只因塵蔽不被看見。要看見自性，你所需要做的只是「撕掉標籤」、「放下制約」。在這之前，你得先認出它來，那便是「覺察」的功夫，它的另一面便是「反省」。不管哪一個先開始，都會導向另一個的發生。當耶穌說：「你們要先求祂的國和祂的義。」說的就是先明瞭這一份「神聖價值觀」。

有「覺察」必定有「反省」，有「反省」必定有「改進」……

所以當一個人對自己、對周遭駑鈍而少覺察，必定是因爲缺乏對自身反省之故。而當一個人開始能夠反省自身，對自己內在有夠多的認識，與之相對的世界，其眞相就必定顯明。

所以如果你想了解別人，就先了解自己，想對周圍敏銳，就先對自己的心念覺察。

覺察你對每一個出現的人、發生的事、入眼的物品的「念頭」。你們不停地在用腦袋進行「分析」與「分類」的「標籤工作」：這好、那壞，這我喜歡、那我討厭，這適合我、那我不要，這是善、那是惡，這有利、那有害，這才對、那是錯……

不說別的，光說拿著這本書正在讀的讀者，多少也有著「這眞的是神說的嗎？」的疑惑，那更別提許多你們憋在內心裡沒說出口的滴咕：「我以爲……」、「你應該……」、「我不爽」、「你怎麼……」以及之後表現於外的語言包裝和虛僞眼神（要是你發現自己對外言行的包裝和虛僞，你已經算是開始覺察到心了，調整與修正是遲早的事）。

像孩子般單純地「接受」，會讓你們感覺自己像是個笨蛋，但你們不知道的是，唯有像孩子一般地單純相信與接納，那一份屬於你獨有的清明靈覺，才能源源不絕地湧入。

世故，在人類的標準看來，或許是成熟的象徵，卻讓你們難以一窺靈性的殿堂。人類的頭腦按其經驗做出了比較和判斷，你們稱這些分別性爲「是非觀」或「價值觀」，然後把這當作世間處事的標準，餵養你們的孩子。讓我告訴你們，那從來不是什麼價值觀，那只是腦袋的分別觀，是讓你陷入人生這場大戲、無法醒來的迷湯。

當你在進行這些是非對錯與價值分析的二元判斷時，你用的是腦袋！然而「心」不在裡面。眞正能使你事半功倍甚至扭轉奇蹟的，卻是用「單純相信」啓動「平行宇宙」的你的心。當你們在世間選擇了較低階的工具——腦袋，卻希望完成高階的使命，那辛苦是必然的。

你終於有一天會發現，這樣不停的「用腦」進行分析判斷，讓自己很累，而事情卻總不如人意。你會累，不是只因爲腦袋燃燒你身體最多的能量，而是事與願違的情況不停輪替讓你疲憊，所以才會有人生「何苦來哉」之嘆。

許多人也因此開始了內在的探索旅程！

說的是！所以你能說「生之苦」是沒來由的嗎？沒有這一份苦，你們根本無法體悟和學習。苦樂是相對的，在絕對的世界裡，非苦非樂，只是如如存在，那樣的狀態是靜止恆常的；在那永恆的靜止中，當靈魂渴望認識自己，祂就必須進入這相對性的二元世界，在似眞幻象中經歷浮沉以便體悟。

對我來說，內在的探索始於看清世間的虛幻與人性的虛僞……

如果看清世間的虛幻與人性的虛僞是把你推入內在心靈世界的推手，你豈不應該感激？感激那些願意在幻象中扮演你生命中的配角，雖然人生是你在導演，沒有這些配合演出的人，也不能成局。所以感謝他們的虛假，感謝他們的傷害，感謝這世界的幻象，感謝生命的奇妙……在心中默默地感謝，就好像你不需要回饋一樣。

那也得吃了夠多的虧、受過夠多的苦才行，而且需要一點悟性。我知道有不少人仍在吃虧、還在受苦，卻找不到心的方向……在吃虧受罪之後，陷入更深的憤怒、痛恨、自責裡，要是沒有外力，根本無法想像有機會逃離這黑洞！

所以這是我們在這裡的原因。作爲一個證據，讓所有人知道，一切的苦都不會白費。

✧自由意志不真實

我想到「自由意志」，有時候我們會有意或無意地搞出一些限制或是迴圈，我們以為會有幫助的，最後卻變成我們的「框框」。究竟「自由意志」真的存在嗎？

從最宏觀的角度來說，自由意志並不存在，沒有一個自外於「你」或「神」而獨立的「自由意志」。所有的一切都是宇宙之心、神聖意志的展現，因爲是「我——神」給予了這一份「自由」，但這份「自由」也夠大了！其範圍也已經足夠讓你們超凡入聖、扭轉奇蹟。

你們所以爲的「自由意志」從來不曾帶給你們眞正的自由，即便頭腦用「主控權」欺騙你。你們可以在日子裡發現自由意志帶來的諸多矛盾與困擾，這樣的矛盾和困擾，讓你們不斷地想要透過頭腦「說明與證明」，企圖減少矛盾。但矛盾就是這二元世界的原型，若無「矛盾」的存在，二元世界將失去憑依與平衡機制。

「證明」是科學的引導，雖無不當，卻容易形成「凡事證明」的反射思維，這份反射思維甚至用到你們對自己的認同上——處處爲自己向外尋求證明，要別人來認同你。要知道，凡眞實的都不需證明，你就是你，你的存在價值不須、不應也不會依他人對你的看法而轉移。就像一朵花，人們對這朵花美醜的評價，和花的盛開一點也沒有影響，花自顧盛開。但凡需要證明的，在一開始就不一定爲眞。如果你們都爲自己的存在價值尋求證明，那表示你們只是一具傀儡——被頭腦和世界操控而活在幻象中的傀儡。

「自由意志是否存在」從來不是個問題，問題是你們是如此地「相信」自己的腦袋，以至於「自由意志」變得如此眞實，早已形成顚撲不破的世間眞理。你們會想要「運用」這份自由意志去進行人生該有、該做、該思考、想做、想得的一切行爲，但你們沒發現，正是這些「我想」、「我要」、「我應該」的念頭，使你們的生命陷入痛苦，它的另一個名字是「我執」，而那正是「自由意志」的作用，看看它讓你們多麼不自由。

弔詭的是，**直到你拋下你所「掌控」和「以為」的「自由意志」，你才真正擁有「自由」**，否則你只是被禁錮在「腦袋」的掌控裡，企圖去改變那無可改變的。那形成長久的痛苦！自由意志創造出一個「小我」能控制與改變的外在假象，然而那份假象卻不長久，終要在時間中湮滅，人類存續在這樣的假象中歲歲年年，創造出你們「以爲」可以永恆的文明。

然而世間沒有什麼是永恆的，一切我所創造和你們所造的都在變動中，只是這樣的變動依舊不能提醒你們放下那一份事事要控制與改變的企圖，不願放下「主控權」的驕傲，正是人們無法超越現狀的原因。你們熱愛這份操控，那使你們有活著與存在的感受，即使傷痕累累，即使所創造的都會灰飛湮滅。當我邀請你們放下那份掌控以便回復到眞正的自由時，你們卻遲疑。

祢曾說「你們不為自己做的，我也不為你做」，這「為自己做」的意念難道不是「自由意志」的展現？當我們真的展現祢所賜與的自由意志，祢卻又否認其存在？

我從最宏觀的角度來說，自由意志是假的，但我並沒有說它「不存在」。正如你可以說這古董是贗品，但你不能否認它「就是出現在眼前」了，而外行人就有可能把它「當眞」。你當然可以依照「自由意志」行事，但最後你會發現，自由意志帶來許多腦袋的雜訊，以致事倍功半，你最後會發現事與願違，因爲，透過虛假之物怎能創造眞實？

說完話，其實我有點沮喪。如果世界是假的、自由意志是假的，那我們還這麼費盡心思為人生努力幹嘛？

你需要因爲世間是眞才讓你自己進步嗎？你在世間的努力，是爲了藉由讓世間更好的「過程」，來讓「自己」內在的平行宇宙獲得明白、獲得提升，而世間只不過是讓你內在靈性狀態投射而出的「實證舞台」。就算不同演員輪流登台，戲還是會散場，舞台終究會消失。

如果沒有「自由意志」，那麼人生有「註定」這回事嗎？

「註定」的事也是賴由你們決定，從你們的思言行創造。當你沒有投射出那樣的「想法」，就不會吸引到那樣的人事物；當你沒有對自己和外界說那樣的話，就不會創造那樣的情境；當你沒有那樣的行爲，就不會產生那樣的結果。所謂的「註定」，也只是在二元世界裡表象因果關係的作用，實際上一切唯心。

祢知道，雖然我明白祢說的「自由意志」的意思，但我對祢老是講「你們決定」，還是感到卡卡的……既是「我們決定」又說沒有「自由意志」……

那你告訴我，以你現在對自己和靈性的了解，生命發展至今，哪一件事不是「你的決定」？

都是！不然我也不會心甘情願地「負責」。

是的！就連「負責」也可以是你的「自由意志」決定。那我再問你，如果你裡面沒有我，也就是神的主導（或是神識、高靈、宇宙之心，不管你們怎麼稱呼），你會心甘情願、自然而然地產生「面對與負責」的生命態度嗎？

我懂了！所以頭腦裡面並不存在「自由意志」。真正的自由意志即是「內在神識的意志」

對吧？

對仍舊活在頭腦層面的人來說，自由意志是眞的；對於已經超越頭腦層面的人來說，則只有「神聖意志」，那是只對身心靈三者皆趨於平衡的人而言。**你有怎樣的成長環境、過程乃至性格，與你先天生命藍圖有關；但你後天的思言行和心靈能量的擴展，將可以有效地扭轉最初的生命藍圖—重新創造平行宇宙。**

生命藍圖依照過往的因果訂立，而此生因果的網絡牽涉到你們意識上的時間與空間、物質與實相，思言行則是啓動因果的開關。這是爲何我一直強調思言行的重要，因爲那就是「命運」扭轉的開關、「註定」的入口。謹愼思言行能爲你們少去許多不必要的麻煩，而關於「意志」二字，有必要另外的談談，特別是許多人都認爲「頭腦萬能」的情況下。

絕大多數的人都以爲，所謂的「自由意志」是針對頭腦，可以用頭腦「決定」吃什麼、做什麼、想擁有什麼……你們把「自由意志」當作是一種來自於上帝、讓你們可以「決定」人生的禮物。確實如此！但頭腦的功能其實是受到了限制，你們選了一個不甚恰當的工具來作爲自由的倚靠。

「意志」這詞本身就含有頭腦的味道，其實在頭腦裡沒有意志可言，但眞正的「自由」卻是靈性。我給你們的只有「自由」，事實上是：除了自由，沒有別的。但是「頭腦」的限制使它無法相信和理解，竟然可以白白得到這樣的「自由」，因此它加上了「意志」這詞。這時候在中文的文法裡，「意志」變成了主詞，「自由」變成了形容詞。你可以看得出來，頭腦想要以「意志」進行主導而淡化「自由」。但這是辦不到的！它必須「想其他辦法」來隱藏或掠奪這份「自由」，於是只好創造出「制約」。

任何時候當你告訴自己「這辦不到」或是「這不可能」，連同任何你對自己的否定或負面用詞，你都正在制約你自己，自行放棄了那來自於神而可以無限擴張的眞正自由，如同我們在前面談到的標籤形成制約。但正如說謊者必須一再圓謊一樣，頭腦也必須要小心隱藏這份「制約」，好讓人受制約控制卻不發現，所以很多人被頭腦欺騙卻不自覺，還以爲頭腦忠誠地爲他服務。而事實上，屬小我的頭腦在心靈這碼事上所能幹的好事，就是進行不斷地否定與欺騙。

直到它臣服？

是的！在完全丟盔棄甲、被打趴在地前，它不會在靈性上眞正地爲你服務。頭腦其實是個絕佳的管家，你們沒意識到這點，反而讓管家當頭家，任由它擺布。

「臣服」意味著「真實地面對自己」，真誠而實在。但那太痛苦了！我們不敢看，自己的人性和腦袋裡頭有多少的卑劣、骯髒、齷齪、羞恥、不真不善不美的部分？面對已經太難受，承認更是天大的不堪。於是我們別過頭去戴上面具，用虛假的表象粉飾著自己，以逃避心靈的空虛和良知的質問，然後冀求命運的救贖，甚至躲到宗教、心靈的保護傘下逃避。隨著年歲漸增，我們也忘記了哪個是面具，哪個是自己。

其實你們大可不必如此！你們有著恐懼與匱乏的課題，這二者是孿生子。匱乏引發恐懼，恐懼又帶來匱乏。你們在終於覺察到內在的髒污之後，企圖透過自責減緩罪惡感，卻又斬不斷習氣的輪迴，如此循環無有終期，生之苦便由之而來。

許多人問蒼天：「爲何我會受苦？」我說在終極之境裡，苦是不必要的，因爲不必要而根本不存在；但在你們所處的二元之境裡，苦是比較得來的。因爲你看過、聽過、感受過「樂」，因此有了「趨樂避苦」的思維。若是讓你從不見樂，則苦也不是苦。

二元本爲一，從無苦樂，無從分別。動物們在這點上或許是幸運的，牠們沒有太多的「二元觀」，雖然會有感受，但卻不會選擇「不接受」，只有人類會喊苦，所以更苦。如果「苦」有任何的目的和好處，那就是「淬鍊」出靈魂的深度與寬度，眞本事常常是在讓你感覺想逃離的痛苦中錘打出來的。在你對「責任」接受與臣服之前，命運的道途不可能出現。祂會一再折磨你，直到你甘心將「自以爲是」放手交託。

其實我們只有很少的人想擁有如耶穌、佛陀般的深度與寬度，大多數人只是想要今生安樂、自在、喜悅、豐盛……

這要得也夠多了！你說的這些，其實從本質上看來，和求解脫、上天堂沒有兩樣。跟佛陀、耶穌不一樣的是，祂們一開始是帶著更大的宏願要爲世人找出解答，而你們只想要獨善其身過過爽日子。不管是宏願還是爲己的小願，都是「有所求」。既然都是有求，求什麼已經不是重點，別再把心思放在所求的內容上。該用心的地方是：如何讓自己「自然而然」、「事半功倍」的完成心願。

✧真相只是你的解釋

祢能對我描述祢所認知的「真實」嗎？我是說，我想聽客觀一點的答案。

我的描述無法成爲你的眞實。神性的全觀並不能成爲人類的客觀。對人類來說，沒有眞正的客觀，只有多數的主觀。眞實是主觀的產物，我說過「所謂的眞相，是個人的解釋」。一群人對著同一個雕像作畫，每一幅作品都不一樣，能說他們看的是同一個雕像嗎？由此你可以知道，「眞實」是按照個人的視角進行的發生和延續。在這世界又因爲每一個人的「視角」不同，所以沒有「統一」的眞實。但眞相必然是永恆一致的，因此一個無法被統一的現象，必然不眞。

祢只是說出了為何不真，但仍舊沒讓我知道何者為真？

你只需要放下「我見」去看這世界，你就會發現許多不眞的事實。你已經可以理解，當「我」不存在，「我的」世界也不存在，「你的世界」只爲你存在。「世界繞著你轉」就是這個意思，指的是「你的世界」。而當你在「你的世界」裡注意到，越來越多的虛假、扭曲、謊言或是一些似是而非的道理，就會開始漸漸的承認「世界是幻」。

這時候頭腦進來了：「如果世界是幻，那我是什麼？我是眞的嗎？」發出這問題的當下，是一個美妙而神奇的時刻！當你厭倦了外界的假象與虛僞，你自然會往內走，時間到了就可以，任誰也無法爲你開啓心門，就連上帝也不願剝奪這美妙的過程。這是雄偉的大哉問！雖然從頭腦發出，卻直指心靈。

你會開始分裂你自己，你不再是你的頭腦，又不完全仰仗心靈。這時你會分不清楚何時該用頭腦、何時用心靈？哪個聲音爲頭腦、哪個聲音又爲心靈？在經歷一段不算短的頭腦與心靈的拉鋸後，你開始「嘗試著」放下頭腦，用直覺與心靈過日子，你很快會注意到那和充滿思辨、證據、邏輯的「頭腦式」生命有何不同。

嘗過甜頭的你，終於願意對過去所依賴的頭腦承認「頭腦不眞」，也通常在這時候，你會經歷所謂的「靈性的狂喜」。不過我要提醒你，不論是認爲頭腦不眞或是靈性的狂喜，都還只是初階，並不究竟，充其量這不過是擺盪到宇宙天平另一端的「頭腦崩解」與「靈性初開」兩種現象。

這時候「真實」出現了嗎？

恐怕我的答案會讓你失望。此時你已經很清楚頭腦是不眞實的，但你的身體活在世間仍然需要它，你開始學習著對頭腦「使用與放下」的練習，有許多人終其一生都在這個練習裡，這裡會是很多人靈性上的撞牆期。

靈性這條路會讓你看見自己許多不堪、骯髒、醜陋、不爲自己所接受的部分，然後透過頭腦來批判你自己，這可能讓你更討厭自己，更討厭周遭的世界與他人。但這是過程，如果這人持續願意對生命「面對」、「誠信」、「負責」，最後必有豐厚的回報。因著他對上天的承諾，使他外在的自由增加了一些規範，自動的自律，包括一言一行、起心動念。

於此同時，會有更密集、更多、更快的「磨練與試探」發生，好提醒你看見並做更細微的修正。由此可知，爲何許多剛開始「上路」的人會在嘗過「靈性狂喜」的甜頭後，變得痛苦不堪，而已經靈修一段時間的人，會發生重大生命的課題或是「忽然一切都不對勁」。這些看來不像是好事的發生，都是過程的一部分，因爲你必要穿越內在重重的迷霧森林，方得以到達那芳草鮮美、流奶與蜜的應許之地。這正是「奇蹟」的過程，也是靈性教導的迷人之處。

這就是「真實」的究竟嗎？

我們至此都還在過程裡，假設有這麼一個人，他進步的速度飛快，已經準備擺盪到天平的另一端——「神」。他注意到，即便是曾經使他狂喜的靈性，也只是「以爲」。他並非過去頭腦所認知的「眞實存有」，畢竟他頭腦的意識還在，很難不用過去所「以爲」和「認知」的去對靈性「分析判斷」。

他會說：「好吧！或許靈性是永恆的，但神卻是這麼虛無飄渺，如虛如空無所從來，了不可得！」這一份「神性的眞實」竟然是如此地「虛幻」。這是第二個撞牆期，但是他的高度已經不同，儘管如此，他可能還是會退轉初心，於是又被打回原形。

你知道，巴上井沿看一眼、又掉回井裡的心境有多慘！吃過一口蜜糖，很難再回去喝苦茶，通常這時候就是經常性地陷入「天人交戰」的時刻，正如同鋼鐵必須要水裡、火裡反覆淬煉，一個天人之師的成就，也是如此地在人間與天堂之間來回折騰。

被打回原形的他，此刻正在生命當中承受內外交迫的煎熬，可能窮、可能病、可能眾叛親離、千夫所指。對許多人來說，這是生命最黑暗的低谷。這時需要的是「臣服」，表面上看，似乎上天要把你打趴、讓你哭爹喊娘，其實上天此時正慈愛的等待著你的「回頭歸向」與「完全地接納」。

在最開始，上天要你爲自己的生命負責與承擔，而現在，你已經不再是幼幼班，上天對你另有計畫，你必須要放下頭腦的框架與妄念，完全地接納上天的指引，沒有懷疑、沒有猶豫、沒有恐懼，安心地把自己完全交託給祂。此時才是「天人合一」的起頭，你仍有身體，也仍行走在世間，但已經完全地不同，你天翻地覆的改變，將會使過去熟悉你的人不認識你。

此時初嘗與神合一的你，開始體認到頭腦的「妄念、我見、我執」不眞實，於是更加印證自己的存在其實「非有」；也因爲體認到自己就是那與上天共同合作的創造夥伴，而知道自己亦「非空」。這「非空非有」的本質，與上天完全契合，此時終於明白，原來宇宙沒有所謂的眞實，亦沒有所謂的虛假，這些只是頭腦的分別。

宇宙的一切只是如是存在著，沒有分別，一切的存在也只是念頭的投射與顯化——這便是宇宙的「眞」。如果世界只是念頭的顯化，只是在宇宙「眞」與「空」的基礎上所生的「妙有」，因此世界即非世界。

一個人就算體認到「世界非世界」，但仍舊會掉回世界對吧？

在靈性道途上，許多人會有「已經歷過的小我狀態又一再出現」的困擾，但要知道，別人也並非都「一路暢行無阻」，每個人功課、使命、道途各自不同，只需各自精進。其實靈性的進展很像是在跳探戈，經常是進一步退兩步；也像是坐公車，往往在兜圈子。如果你又兜回原點、打回原形，不要驚訝或嘆氣，只要你還保持「我又回來了」的覺察，並且繼續精進，這迴圈早晚會超越。

請務必專注在自己身上，畢竟有「我」，才有「世界」，世界以「我」爲中心。要認識世界乃至見宇宙，要先認識自己；要超越世界，必須先超越自己；要與天地合一，必須與自己身心靈都能合一。一個戰勝了外在世界的人，還不如一個內在戰勝自己的人。

沒有誰可以眞正永恆地戰勝世界，看看那些歷朝歷代的帝王將軍，甚至無法用他們的戰利品換得多一秒的壽命，更無法讓自己透視生命的永恆。一個連自己都戰不贏的人，要怎樣戰勝世界？但一個眞正戰勝自己的人，早已超越世界的輪迴。這是佛陀了脫生死、超越因果的眞相。

我們為什麼需要去「戰勝自己」？不能只是簡單地活著嗎？

簡單其實不簡單！就算是亞當、夏娃在伊甸園那樣的日子，依舊是不簡單的，否則怎會有後面的「人類故事」呢？人類其實原本是不需要去「戰勝」什麼的，因爲除了體驗自己內在的「存在」，外在實在沒有什麼值得費心的。要不是眼目被世界所迷惑，心神被表象所挾制，戰勝自己根本是不必要的。不過你們的世界已經是現在這樣，被迷惑和挾制的人是這樣地多，我們的工作還有得忙。

祢是說「我們」？我和祢？

不然呢？你認爲我會放過你嗎？許下承諾就得面臨挑戰，出來混總是要還的！

要是這輩子忙不完，我需要再來嗎？

這輩子就夠你忙的！至於下輩子……那得看你怎麼活你這輩子了。

好吧！反正我將我的靈魂交在祢手裡。細節我就不過問了……

打破制約

祢說腦袋經常地用分別與制約欺騙我們，但是在人類的整個文明歷史裡，分別與制約的存在也有其必要和貢獻不是嗎？不管那分別與制約是來自文化的、性別的或是隨便什麼觀念，我相信如果沒有分別與制約，人類的歷史將失去規則，我們都必須依附著規則前行的不是嗎？

和經驗一樣，沒有無用的「價值觀」，就算那只是腦袋的產物。「規則」是一種短暫演化出來的工具，有用但不能長久，即便是宇宙星系間井然有序的規則也不會永存。「改變」如果不是從內部被突破，就是會從外部被打破。分別與制約表面上看來建立了規則，從歷史看來，卻是人類彼此間無盡的分裂，導致了人與人、人與萬物的不能和諧，和為自己創造了諸多的枷鎖。

如果我成功地除去了制約的枷鎖呢？

那別忘了外面的人可還有著分別心和諸般的制約，你自己過了關，別人可不一定。當你自由地按著沒有制約的心思而不理會外在眾人的規則行事時，你最好有被排擠、非議甚至是攻擊的心裡準備，就算你沒影響任何人。

所以我們還是得遵循一些社會倫常和規範的。

叫你沒有分別心和拿掉制約的束縛，不是要你反社會，那只對你個人內在的修爲有好處。

唉！我一路上走的都是非主流路線，祢剛剛說的那一份排擠和非議，我很有感觸。

你盡可以走任何路線，只要你的心能夠練習到沒有分別也不被制約拘束，而且在不影響、不傷害任何人的情況下。二元世界的自由有其限度，不能無限上綱，但眞正的自由無法從分別心與制約裡獲得，當你由內領悟而放下掌控，這個突破便得大自由，這一份自由不受任何外在情況的影響。外在情況是當人們不自由到一個臨界點，便會有人揭竿而起從外部打破，到時難免會有傷害。分別心與制約都可由自己放下，而外在的分離終將要消失，眞正的合一會因爲人們心甘情願地放下分別心與對制約的執著而到來。

這不只是歷史，這是生命的圓、天道與太極。人類因著人性的關係，歷史一直在重蹈覆轍，直到你們循著迴圈的軌跡層層直上，直到凌駕了循環的兩端，具有全觀格局的視野終於讓你們發現，原來腦袋所產生的欲望和所映現的世界通通只是幻象，這時候幻象就消失了，你們都將歡樂地與我同在天國裡。

✧心物溝通

要如何區分「執著」和「堅持」呢？

看起來只有字面上的差異，內裡卻有著完全不同的初衷。有一個成語叫「擇善固執」，這成語常被小我拿來誤用，有時更成爲一種合理化的藉口。其實「善與惡」、「對與錯」的解釋如同太極，向右或向左都可以找到言之成理的說法。

宇宙天道並無善惡，這是只適用於二元狀態的區分。從最高點來說，內在本質設定爲「善」的便值得堅持。然而「堅持」與「執著」差別卻不在此，二元世界裡，我們活在人的圈子裡，「善」得看是爲自己還是爲眾人，僅僅爲了自以爲是的「善」便是「執著」，能夠爲了眾人之善而不退轉的便是「堅持」，即便這種堅持有某些「必要之惡」。

手段不會影響神聖的初衷，而初衷也不應該使手段殘忍。這種「堅持」往往意味著某種付出、無求的態度，也往往和「自以爲是的善」有所牴觸，經常會讓人有咬緊牙關的感受，那就是「堅持」的味道。但是別擔心，忍耐有價，只要大方向是對眾人有益的，早晚你會成就自己。這就是「堅持」的力量。

在許多的不真誠和傷害之後，我不知道是否應該堅持相信人性……

在人際關係中最讓我們驚訝的就是：「啊！竟然是你！」、「你竟然會……」，那份驚訝除了是友誼的破損，更讓我們產生「對人信任是否是愚癡」的懷疑？其實就是因爲對人性的懷疑，而開始了許多的虛僞與防備。眾多案例告訴你：「完全地開放與信任容易造成傷害。」其實你知道嗎？你在選擇完全對人信任前，早已聽聞過此警告，只是你充滿著大愛與勇氣，選擇了更大的格局——「信任」，但卻不一定能在萬一發生變化時選擇「接受結果」的準備……是的！你必須有隨時被人捅刀子的心理準備。這不是受害者心態，也不是危言聳聽，我談的是「人性下的社會」現狀。

眞誠待人，是一種負責任的態度；接受結果，也是一種對自己眞誠的表現。那表示你能不再欺騙自己，而能進行之後一切必須的行動。待人與做事，都不應棄實就虛，即使你可能受傷，你仍要堅持這點。

如果你要的是一個可以積累的人生，那麼不論對人或是對自己，都「說眞實的話」、「做實在的事」、「沒有詭詐與欺瞞」，這樣你或許有可能一時因「誤信」而受傷害，但你將在學到經驗後，很快會對生命又充滿熱情。這樣的性格其實與這要求近利與速成的世界扞格不入，但長久下來，對你的人生卻是有益的！那些個傷害，只是「落實眞誠」的一個必經過程，好讓你在明白人性之餘，不對眞實的生命失去信心。

我注意到，許多人因為對人性失去信心，連帶對自己也失去了信心，眼睛散發不出光彩。即便拿著最時尚的名牌包，穿著當季最流行的服飾，依舊只是一具沒了靈魂的肉體。

內外兼備是最上乘的。當一個人無法透過內在獲得踏實和滿足，就會透過外在的服飾妝點自己，企圖用外在的華麗掩飾內在的空虛。不過那其實是欲蓋彌彰，任何懂得觀察氣質的人都能一眼識破。

我在當學生時，曾經被取笑連衣服的搭配都不懂，這不只讓我在把妹上居於劣勢，也讓當時的我自信心低落。穿衣服真的可以影響一個人的信心嗎？

回去看上面的答覆。感謝老天你當時不會穿衣服，不然你可能糟蹋更多花叢，誤人誤己。

我們耗費在服裝上的心思與金錢甚多，如果不著眼在這些表象的事情上面，我們會不會更覺察、更走向心靈？

耽溺於表象的事物若形成了執著，就不容易走入內在。

其實多數人是被「外在規則」由外而內的形成了「制約」。不同的場合我們要有得宜的服裝，不同的季節我們有不同的流行。

關於穿衣服，你曾有過的更大疑問是：「人類一絲不掛地來到世界，爲何我們要穿上衣服才能見人？」人類一開始赤身露體，最早的衣服只是爲了保護身體，直到被注意到與性徵和求偶有關，人類才開始在服裝上花費心思。地球上有一票人崇尚自然與裸體而不理會他人眼光，這也沒啥不對。其實我對人類穿不穿衣服沒什麼意見，畢竟我也不希望看見你們受到身體上的傷害。我倒是對許多人追逐服裝的流行感到有趣。

「流行」不也是人類文明的一種象徵嗎？

眞正的高階文明不會創造流行，更不會盲目追尋。高階文明臣服並遵循天地間萬物變化的規律，換句話說，高階文明接納更宏大的制約，而非自行創造一個「流行」或「循環」制約人群。

所謂的流行，是一種以操控某些人類意志爲架構的影響力，但所影響的卻不只人類，有時連動物也遭殃。這一類追逐流行的人們輕易地膜拜簡單、易懂、好複製的資訊與產品，對流行趨之若鶩的程度到彷彿失了心魂，由此可知其文明階段。我之所以感到有趣，是看見有這麼多自詡精英份子的人，卻盲目追尋表象上所謂的流行。

我個人並不追逐流行，但我承認，我對某些事物有著特別的喜愛，我並不認為這是不該，我這樣會造成對心靈無法深入地覺察嗎？

其實，在有形的世間，你很難不受外界影響而喜愛某事物，這當然不是不該，如果不該，就不會出現在你們的世界，任何事物的出現都有其意義——甚至是剛剛討論的「流行」，你們只需要認出那意義來善用之，並且不爲之執著。

如果你有著特別喜愛的事物，那麼用正面的思言行和不傷害的方式，創造它、保有它、建立它更大的價值。當它要離去或消失時，不執著於它，心無罣礙。這樣你既保有喜悅，又保有自由的心境，而一個自由的心境正是覺察所必須的。

我明白祢說的。我是一個情執很深的人，對某些有感情的物品，要做到不執著，確實不容

易。

例如像是車嗎？

特別是車。「小灰狼」是我的車，它是一台已經二十年的老BMW318，前些日子進行例行保養時，發現變速箱漏油嚴重，方向機和水箱也有滲漏的情形。除此，引擎積碳導致的爆震，也讓我在駕駛時深深感到它的年邁。技術上當然可以修復，只是修復的費用實在是太過離譜，遠超過負擔能力。按此情形，它使用的壽命最多再三五萬公里，大約只剩一到兩年。

你頭一次開到這台車就知道它會跟著你對吧？

是！當時車主出國託我照顧它，結果我發現這一台車子居然跟我有著特別的感應。這位我相當敬重的長輩後來因為換車把車送我，這車對我更顯意義非凡，我也悉心照顧。這些年來，我照顧這台車裡裡外外，這台車也載著我和全家人出出入入。感情之深那是當然，尤其每當下雨時，我多麼感恩不必再騎機車淋雨。

這車最特別的是，還可以與我溝通。有次開到司馬庫斯的高山上，在幾千公尺高的山區顛簸道路上亮起了引擎燈，我心中暗叫不妙，只好開始跟車子溝通，好生安撫之後，燈滅了，我們平安地開回台北。車廠告訴我，歐洲車為了安全考量，引擎燈只要一亮，就不能再發動，必須要進廠用檢測器取消行車電腦的設定。小灰狼居然因為我的一番話，就乖乖地自動滅燈，然後撐著帶我們回家。祢知道，當我意識到它的意識，當我能與它進行溝通，那份感動與激動，真非語言能形容……

任何的「物質」都是「能量」不同的振動頻率，**一顆能夠深入自己內在進行「調頻」的心，就可以與萬物溝通**。用科學的角度說，是在「量子」的層面上去進行互動。量子的層面不在頭腦，而在心，人們與平行宇宙的交流也是透過量子的跳躍，量子科學透過心靈能力的彰顯，就可以再次獲得突破。

正因為可以溝通，我知道小灰狼累了。二十年的歲月儘管外表光潔如新，但內部的老化卻是與日遽增。按照這漏油的速度，很快就會再進保養廠。出廠後我小心地開著，也經常跟它說話，謝謝它這些年為我服務的辛勞。我想讓它留在身邊，即便不能使用也當作紀念，畢竟它對我的意義大過價值。

任何生命和物質都有各自的循環，**固著的型態不是生命的本質，流動才是**。生命中一切可見與不可見的，都是流動中的狀態。自然裡的空氣與水、物質裡的原子分子、能量的存續與移轉、人際裡的來來去去、欲望裡的擁有失落、念頭的升起與消滅、緣分的長短與深淺、愛情的放棄與堅持、回憶的清晰與遺忘……這一切「流動」，都在向你示現一個「幻象」與「不實」的訊息。

期待一切「穩定」與「不變」是不智的，**永遠不該為了「安全感」而拒絕進化，安全感的追求便是恐懼的彰顯**。流動的宇宙中只有變化是不變的事，因爲變化才是進化的顯現。就連你都只能在「改變」中進化與昇華。至於車子，也該在時間到來時，去它該去的地方。

所以我們決定當它大限到來時，讓它去它該去的地方，而不是用金錢勉力地維繫它的生命。雖然明白「能量流動」的重要，但**斷捨離是不容易的**。**要切的不是物品，是心靈、是習慣、是依賴**。我習慣了小灰狼的方向盤、儀表板、高度和視野，我依賴著它的輪胎滾動，載我到任何地方，說什麼要讓它離去都是不忍的，即便可能還有兩年的相處時間。

讓它流走，好騰出空間讓另一個更適合當下的你流入。

而我知道，你會讓那適合進入我生命的再次進入。

向來如此！**有愛就會有奇蹟，有感恩就會有豐盛**。我不是奇蹟的供應器，也不是願望的恩准者。我只是你心之所願的合作夥伴。

我該說「阿們」嗎？哈！

不！你該去睡覺！

✧心態平衡，生態平衡

我知道有一票人對於人類過度消費產生的各種問題如環保、污染、糧食、貧富等，產生一種「反消費主義」的思想意識，這種思想意識的落實在「生態村」被實現。我接觸過他們，對於他們的理念我相當認同，但我真的不確定我可以做得到。

不只你做不到，在你們現有的經濟和社會架構下，很多人若要維持不消費的生活型態，要付出的代價可能更大。

歐美有許多經營成功的生態村，共同生活、互助，甚至資源也共同享有。他們並非完全不消費，而是用環保的方式自製能源，用合乎自然之道使用天然的資源，物資重複使用減少消耗。在你們的眼中，他們像是活在介於原始與現代之間。但很少人知道的是，一個現代人若要過上這樣的日子，他的心境首先必須要有「無私無我」的念頭，否則，單單只爲「反消費」或是「自然生態」，是無法持久的。畢竟你無法什麼都自己生產。

在他們的觀念裡，也許認為別人的東西也應該要「物盡其用」，所以他們常用「借」的方式取得需要的物品來使用，雖然他們也都表示願意提供回饋，但不知道為什麼，我心中總有不太對勁的感覺……

在已經形成的經濟意識的概念架構下，要去執行打破這意識概念的生活型態，是不容易的。首先，如果一個「生態村人」無法忍受沒有「現代化」的方便性，又不願意消費，那最快的來源就是借。那麼這便是把「反消費」建立在「消費他人」身上。

至於他們「以物易物」的「回饋」，則必須建立在交換的雙方彼此都不具備「經濟價值觀」，或是「同意」不以對價關係來看待物資的情況下，才能發生，否則就會發生「不等值」的現象。而一旦「不等值」的現象發生，該生態村的維繫乃至存續，就會出現問題。這就是爲何參與者必須要先有「無私無我」的意識。在參與者仍有我執的情況下，共建生態村而沒有權衡價值的標準，就會有麻煩。

所以金錢是人類所必須的？我是說，真的無法讓它消失？

金錢的出現只是提供人類共同信任其價值的標的，它本身並沒有錯。金錢的出現也帶給人類文明推展的動力。有一批人喊著要讓現有經濟體制瓦解，回歸到不用金錢的狀態，那除非現有人類意識往上或往下走到一個極端，才會發生。以現在人類意識不上不下看來，這個狀態短期內不會出現。

對包括你在內的你們許多人來說，金錢是個巨大的功課。要是金錢消失，你們此生的這個功課也不存在。事實上，金錢是粹鍊人類靈性成長有效的工具，作爲培育靈性的基礎「眞」與「誠」上，金錢具有很棒的功能。

我同意！我還記得怡婷發生的「結帳事件」。怡婷某日與朋友用餐，怡婷加點了一碗白飯。結帳時服務生疏漏了那碗白飯的金額。朋友對怡婷說：「他少算了一碗飯的錢，我們賺到了！」怡婷立馬提醒服務生：「你少算了一碗白飯。」

朋友說：「妳難道不覺得，這種機會是神給妳的獎勵嗎？」怡婷說：「如果神要給我獎勵，我相信祂不會用讓我內心不平安的方式！」取所當取，付所應付，這是對責任的承擔和生命的尊重。

她眞是一位你生命中德慧兼備的好伴侶！

謝謝祢的安排！讓我擁有幸福的家庭。我想回到生態村的話題。對於物盡其用的資源循環利用做法，我完全同意，畢竟有太多人濫用著地球的資源。但不事生產、不從己出就「要求」他人分享資源，還美其名說這是回歸自然的「反消費主義」，我無法苟同。我不是個自私的人，但我不是源源不絕的「金礦」。更何況我認為這一點也不平衡。

所以說，你並不適合過那種日子，你的「我執」還在，卻沒有他們嚴重。有一些人進入「生態村」並非因爲環保理念，而是爲著他們不願承認的原因，也正是這個原因，使他們的村子無法建立，那就是「人和」。

生態村是一個需要高度仰賴彼此互助的生活型態，但許多的人卻是因爲在社會、職場上難以適應，或是有著與人相處、溝通的問題，而冀求生態村來遁逃社會，藉由「生態、環保」的旗子，可以贏得一些認同或是可應用的資源。但如果問題是在自己裡面，不論用什麼方式逃到哪，問題終究會露餡。

一日之所需，百工斯為備，社會已經演變至人人各展所長的精密分工，我們需要的是一份與自然和平共處的心志，而非全盤推翻現有社會結構的革命。如何在人類與自然中求得平衡點，才是正道，偏向光譜的二端都是失衡。套句金城武的廣告詞：「均衡，是地球的真理，也是你身體的道理。」

與其搞生態村，倒不如活在可以自由清理的人生。人活一生，不停堆積，很多時候人們忘記了去檢視生活中已經「堆積」了許久的東西。你們賺錢、購物，買了許多必須性的物品，也買了許多暫時性或只有滿足性的東西。扣除必須性的消耗品，你們累積一次性、暫時性、滿足性的東西有多少？家家户户不一定都有儲藏室，但一定有「眼下用不到，但丟了又可惜」的東西堆在陽台、角落、紙箱裡，也經常一放就是幾年。沒有習慣經常性地檢視自己所累積的物品，就像不常反省自己的心一般，不會檢視當然也就不會清理。就像一個人不會反省，又要如何改進？心靈的清理或許需要很漫長的時間，但檢視與清點我們身邊具體已經擁有的實質物品並不難。

有多少你只穿過一次的衣服、鞋子？有多少你買回來根本沒翻過的書？有多少你「以爲」你會用卻一次也沒用的物件？有多少只是因爲滿足一時欲望或單純只是好玩卻無用的東西？這些物件也都有生命，其生命是你在購買它的當下賦予的。當你的生活裡堆積許多這類你所創造出來卻沒有產生實質意義的生命，它們會形成一種阻礙、一種黏滯，讓原本該來到你生命更多的豐盛窒礙難行。如果你覺得該屬於你的一直遲遲不來，想要立即性的創造豐盛，**要是清理內心不是那麼容易開始，那麼先從清理外在的堆積開始吧！**

經常聽見人們說著「清理」二字。一般居家的垃圾我們會記得清理，但心中的垃圾卻不一定。祢剛剛說：「要是清理內心不是那麼容易開始，那麼先從清理外在的堆積開始吧！」讓我意識到，有很多的事情若要改變，可以有內外兩個方向進行，如果一個人「內心」一直快樂不起來，這時候只要願意「走出去做點什麼好玩的」，內在心情就會開朗起來。

要是你從內在很難清理，那就從外在的清理開始吧！心靈的內外一直是相通的，人們同時受到這兩股力量交叉的影響。心境的快樂可以由外而內創造，居家環境也正是創造快樂心境所必須。

很多人重視風水和擺設，卻不重視環境的整潔，沒有比清理環境更重要的風水，當你開始清理你的外部堆積，你內在心靈也同步進行清理。然後你會在清理結束後，發現許多奇蹟或是感動出現。如果不是你的心境豁然開朗，不然就是遲久未至的願望實現。

這我有經驗，我搬家的經驗很多，每次搬家都要清掉許多東西，其實每一次都有不捨的念頭，但心一橫清理之後，卻發現內在輕鬆多了。

在斷捨離中你會發現，捨不是捨，只是讓自己的包袱輕點；在傷別離中你會發現，離不是離，只是讓自己再回到起點。有時候我們把焦點都放在外面和別人，卻忘記了對自己最好的選擇。我們以為透過對外抓取和掌控，才是對自己好的，其實只是讓步履更蹣跚。什麼耳語評判、嫉妒、我慢，來與不來，見與不見，這些黏滯在人間的一切，也讓你飛不高，就像剪翼的鸚鵡，失去了飛行的能力，只能人云亦云。

✧不完美的完美

要是有一天我寫不出任何東西了呢？

在人們遺忘你之前，你要盡可能地寫，因爲你的人生都在你手裡傾洩的文字。

要是我只管寫，啥都不做行嗎？

如果你已經知道你的人生道途可以是「你說了算」，你怎麼能就這樣只是說說就算了？任何人有這樣的本事，都不會糟蹋能力、虧待自己的。

我們太多人都輕忽了文字語言的力量，尤其是對自己說的話。結果就是白白糟蹋了。

要是「你說」你可以讓寫下的一切成眞，你會怎麼寫？又寫些什麼？

我會寫利人利己並且幫助人們內在揚升、外在豐盛的文字。

那麼就會是這樣。

然後？

然後就是寂靜完美。

這幾年來，奇蹟般地生活讓我忙碌於分享，但我經常感覺自己連扮演一個分享者都有許多不完美之處。

完美？你認爲一個靈性的分享者怎樣才算完美？

呃……我不知道……

很好！那麼，不知道就是完美的，正是因爲你不知道如何才算完美，因此有了趨近於完美的可能，於是讓整個圓成爲完美。如果你已經是完美的，那你就不會在這裡，一切都將死亡與結束。

在你們的世界裡沒有完美，完美的盡頭就是結束。所以《聖經》上說：「沒有義人，一個也沒有！」指的不是這世界的黑暗無良，而是在這個世界裡不存在完美的人或事，只有趨近的可能。

許多人認爲他自己不夠完美到讓神跟他說話，這是一種極端的自我負評。神跟每一個人講話，不論他是誰、做什麼工作、有沒有地位、有沒有錢，事實上我跟什麼都沒有的人說得更多。那些擁有許多的人，總是忙於支配他們所擁有的，而常常聽不到我。

我想我很樂於當一個不甚完美的人，也以能夠朝神的完美邁進為榮。

我們正在這麼做不是嗎？這是個美好的示範，任何人都能做到的。

寫到這裡，我已經知道這會是我另一本重要的書籍，或許也會是更多人的。我翻閱過一些靈性書籍，我注意到，許多靈性的觀念、狀態甚至方法，都可以更加簡化。畢竟靈性世界不是用華麗的靈性詞藻堆砌而成的，很多的境界也不是那麼遙不可及。

很多書其實你根本看不懂。對吧？

唉！這是真的！很多書其實寫得棒極了，但我總覺得堆疊得過於複雜，幾乎變成一種靈性的文字美學或是境界的意象概念。許多的觀念被不同角度迂迴複述，我的頭腦太簡單，看得眼皮下垂，還不如直接一點好。

你謙虛了！簡單其實不簡單……靈性如果不能生活化、平常化、娛樂化、幽默化，就只會是經典裡生硬的觀念和華麗的詞藻。複雜根源於簡單！回歸本源的過程一定是化繁為簡的。我的擔子是輕省的，我的軛是容易的。

孩子！我不說大道理，因爲好多的道理都隱藏在你們生活裡，任何一個具有寧靜之心的人都能得見。高推勝境使人仰之彌高，除了養成我慢之心，並無法使人受益。你們覺得悟道難，其實沒有比讓心不煩難。只要搞定這顆心——也就是我，神的所在之處，你們將會發現，一切你們所需要的，在你們開口以前我都預備了。

我知道祢為我預備了道路，在我充滿信心的外表下，其實我知道眼下的自己有幾分力。祢老是說我準備好了，但我沒過自己這一關，在我內心深處，仍有著一份很深的自卑掌控著我！我始終覺得我不配……

請你更正！不是只有你內心深處有自卑，是每一個人，經上不是說「世人都虧缺了神的榮耀」嗎？但問題不在「內心」，是腦袋的制約，神的榮耀是無法虧缺的，只有自認不配的人。配不配，其實一直都是你自己說了算，就算老天說：「你可以！」「你就是！」你還是享有否定的權力。

你永遠可以找足理由來印證自己不行、不能，不管那個理由是學歷太低或是經驗不夠，只是這樣做你會快樂嗎？能擴大你今生的價值嗎？能彰顯神的榮耀嗎？當你們否定自己的時候這樣想，當你們自認不足的時候這樣想，當你們自覺不配、不值的時候這樣想。在我看來，你們都值得！

關於人生，沒有人是準備完全才上場，因爲沒有「完全」這回事，一切都是進行式，所有人都是邊做邊憶起，邊學習邊修正。你只是還在這修與學的過程裡罷了！你不必事事完美才能教導，也不必事事齊備才能上路。多少人是清楚人生之道才啓程的？誰不是邊做邊學，邊學邊修？人非生而知之者，即便是被稱之爲「老師」的角色，也有著諸多有待調整的部分。眞正的教導者不是總不犯錯的那個，不是完美無瑕的那個，卻總是最快發現錯誤並調整、最先承認不完美並完全接納的那個。

祢知道我並不愛被稱之為「老師」，我向來不以「老師」自居，既不拜誰為師，也不好為人師。我以「自心」和「神識」為師。所有我所分享的，都只是我自己的信仰和學習的過程。這些分享能被人們接受與喜愛，是我的福報；不能被接受，我也視為自然。畢竟我怎麼能干預或議論他人的性靈道行？這年頭管好自己都不容易了，我只能做一切我該做的，剩下的就笑罵由人，都交給祢了。

當一個人還在尋找內在的大智，就會向外尋訪明師，這只是一種投射；而即便是明師也無法領你去到神聖之境，他最多帶你入座滿漢全席，吃東西還是得你自己動筷子。若內在智慧開啓，即便無所師承，也能撼動一方。

確實不存在自外於自己的老師，所有的老師只是分享者，分享著他「個人」的經驗與道途，但永遠不會是你的。每一個人都有自己的路，就像相同的食材在不同廚師手中會做出不同的味道，而每一道菜在不同人口裡也有不同的滋味。

在這路上，「老師」無法為你檢視、無法為你評量、無法為你承擔，所以「好為人師」也不過是想滿足自己內在被看見的渴望，只是藉由指導來展現。眞正的老師不以教出怎樣的學生為目標，眞正的老師甚至也不以教出老師為目標，眞正的老師是活出他所認同的信仰，是那個總是做出相同選擇與彰顯自性的人，所以在地面上任何一個這樣的人，都可以做你的老師，不管他外在的職業為何。

任何領域，一個無法一門深入、樣樣都通、樣樣都鬆的人，只是個雜家。然而，即便是雜家，學生也永遠無法複製老師，他必須另闢蹊徑走出自己的路。

你們需要永遠記住，不論是「專家」或「雜家」，所有的能力其實你們都已具備，只是來到這世界缺乏了「提醒」。「老師」所引領的「學習」不過是「提醒」你們記起本身就具備的能力。「學習」包含「練習」，「練習」或許需要花上一些時間，但「提醒」則不需要花太長的時間。若是道心堅定、方向明確，則在後面的日子裡，只需要「以自心爲師」，就能讓你的能力透過練習，持續不墜的被精純與強化。而平庸之人不過是少了這股堅定與不斷強化自己的過程，淹沒在以生存爲主要目的的人生。

但這有沒有可能不過是他「不知道」某些觀念？我猜一個人要是知道某些會讓自己人生起飛的觀念，他是會不斷努力操練的。

那不一定。一個人從來不會眞的「不知道」某些觀念，只有「不想知道」。就像你不會眞的寫不出來這本書，而只是不想寫。生命永遠提供足夠的機會和資源，去幫助人們知道他該知道的。如果有心，他會從生活裡的過程中、錯誤中去領悟，或是想盡辦法透過生活裡操練的經驗、開口詢問去學習。在我看來，不是每一個人都願意爲了使人生起飛而付出巨大的代價，有一部分的人甚至根本就沒想過他的人生可以起飛。

我還知道有些人不是沒想過人生要起飛，而是放棄了。他們可能努力過，但事與願違或是過程中並不快樂，權衡之後發現「起飛」並不是他的生命所要的，於是就改變了方向。

是的！但若從亙古恆長的宇宙觀點來看，不論你選擇怎樣的人生道途，都沒有對錯好壞。就像伴侶，只有於你「適不適合」的問題。而最後最後，你總會走上最「適合」你自己的「天命」——**所謂的「天命」，不過是用最「恰當」的態度走上你最「適合」的道路，這需要你了解自己**。而不管你知不知道，你都正在形塑你自己。所以「透徹了解自己」是極爲重要的事，那不只是讓你清楚所來之處，也讓你明白如何去創造自己，好走上那個約定好一定要走的道途。

✧命天者得天命

是要透徹了解自己，還是透徹了解人生？人生，真是一個完全沒有排練的劇場。沒有劇本，所有人即興演出，儘管你給自己安了角色，也不見得能找到配合的人。我看著人事更迭，許多本來有雄心大志的人，後來認命放棄，也有很多人的功成名就，其實只是無心插柳……

差別就在「接受」與「認命」。

我們怎知何時該「接受」何時又該「認命」？

難道一定要與命運「奮力抵抗」而不敵，才叫做「認命」？不！不是的。認命不需要抵抗，認命是「認出自己的命運藍圖」，一個眞正認命的人，除了臣服接納，不會有別的選擇。當他做出了這個決定，也就開始創造了「天命」。

天命是被「創造」的？

很奇怪嗎？天命其實就是命運藍圖的終極版。任何一個靈魂放棄「最小阻力解」選擇走那崎嶇的道路，直到超越原本所應承擔的，便已經創造了一個更高版本的自己，也賦予了自己另一個更崇高的使命——願意化爲任何眾生的需求，成爲眾人的禮物。這是所有靈魂最終、也是至高無上的天命，在祂們終於體驗了自己以後，願意爲了其他的靈魂做出的奉獻。

一個人如果不知道「天命」是被自己的選擇和決定創造的，又要如何開始？

我說過，他不會「不知道」，他只是「不想知道」。「天命」像是一個陌生的天使，比起「宿命」這「熟悉的魔鬼」來說，選擇後者要更容易。因爲，知道一旦選擇前者，就要開始忙碌、開始承擔、開始負責，他不能再當個鴕鳥，不能再當個受害者，不能再不沾鍋。

一個眞心要步上天命的人，即便還不清楚天命是什麼，也不會問這個問題，他只會全然地接受，安靜地去做，去做那當下他最需要完成的，不論那是什麼，完全地承擔那該負責的。他不會離地三吋飄呼呼的，而是靈魂落地、扎實的去滾上塵土，放掉一切腦袋可能的懷疑和猶豫。

不管多難？就算「陌生的天使」要領你進入看似幽冥之地？

是的！承受天命可能意味著更多的磨難與痛苦，一個走在正確道途上的人，不是沒有痛苦磨難，而是他明白面對的態度和超越的心境。任何一種磨難痛苦都包含著更大的生命禮物。承擔者必被上天看顧，他知道這一點。

這是在告訴我們，都不要有求、不要有欲望，只要順隨著上天的安排嗎？

「順隨」是恰當的，但並非隨波逐流放棄努力，我只是告訴你，要專注在「過程」中，而非一心盯著結果。畢竟「盡人事」是你們可以自己決定的，在盡完人事後，將結果交給老天吧！在生命裡面，過程永遠比結果重要。因爲你們此生的結果都是死亡與灰燼，一切都是虛空與捕風，但你的靈魂卻會帶著你每一生的過程，去「紀錄」旅行的軌跡。

旅行……祢提醒了我，已經好久沒有出去走走了！

你確實需要一個旅行，就像你寫第一本之前那樣。人在取得內在平衡之力以前，都需要透過外力獲得平衡。旅行是一個很不錯的方式，讓你看看世界不同的風貌，用另外一種角度過日子。然後當終於自我內在的動靜平衡了，他就會停止外在的旅行，甚至連話也不說，因為世界了然於胸，內在的探索於焉展開。**真正的靈性探索，從平衡內在開始**。

我深深記得那次的旅行！那時候我一文不名，成天只努力著為了生存下去，卻總是事與願違。二〇〇八年的三月，就在我決定開始做無店鋪飲料外送的生意後不久，某天傍晚，我被一股驅力吸引著，騎上我的機車往基隆去。老爸住在離海洋大學不遠的社區，當時的我正要開始新生意，像所有開張的人一樣的興奮，帶著些許害怕。

探望過老爸後，內在有個聲音叫我別走原路回去，繼續往金瓜石的方向騎，那竟是一趟成為我往後「儀式」一般的旅程。夜晚的海，天空與海一樣的黑，偶有幾盞漁火在遠處忽明忽滅。我上了金瓜石的蜿蜒山路，看著即將抵達的山腰上一片燈黃，心想：那就是黃金之鄉啊！民宿燈火未熄，我卻必須趕路，雖然我一點也不知道這旅程的目的。

三月的天，空氣還有點冷，天飄著雨霧。隨著我一路蜿蜒而上，山霧讓能見度更低了。我必須放慢速度，好讓視線清晰，也避免跌倒。卻因為速度放慢，我看見了神造萬物的鬼斧神工。

大霧的山煙雨濛濛，幻境般美極。這時天上有一條狀似巨龍的白雲，龍首從高山上直直地往大海伸去。我順著金瓜石後山的山路往澳底直行。沿途不僅沒路燈，連車都沒有，僅我一人獨行。一邊是山峰圍繞，一邊是萬丈深淵，路旁沒有房屋只有墓塚……氣氛有點可怕，但內心有個聲音告訴我別怕！祂會陪伴我。我繼續放膽的前行。

我必須說：那晚的天與海、雲與霧、山峰與奇岩怪石，在將暗未暗的山色裡，一起交融出一個奇異幻境。每一個我眼光所到之處，都充滿了不可思議的美景，我禁不住讚嘆神的大能，並開口讚美……我內心被這景象深深感動。然後我心顫抖，開始流淚……我當時以為我只是被美景感動，並不知道那是神與我連結的徵兆。

我順著山路繼續走著，來到牡丹。小憩之後，便到達澳底，這裡距離基隆市還有二十四公里，我騎車，而且沒有在外過夜的打算，我繼續往基隆騎去。來到濱海公路，右邊是大海，左邊是峭壁，深夜的藍色公路變成可怕的巨蟒，大型沙石車一輛接一輛地轟隆呼嘯而過，在深夜無燈的濱海公路特別懾人，也讓我感動於美景之餘，如履薄冰、小心翼翼地騎著。

這時方才的大龍頭已經在我眼前。身體貼著怪岩，大嘴正對著點滿捕魚燈的漁船，像要吞吃了一般。船上點的是捕小卷的燈，整艘船亮得刺眼，在夜的海上特別明顯。漁港內和不遠的海上，幾艘船將海面照得波光粼粼，讓靜謐的海多了一份活躍和鬼譎。

大龍在隧道上的山頂，我進入隧道前還跟祂打了招呼，心底響起祂的回應……我再次落淚。路上隧道不少，有一個隧道單名一字叫「明隧道」，是鏤空設計，透光。我名字中有個明字，或許是投射吧？經過時，我只覺得全身像被洗淨一樣的感覺，彷彿所有痛苦與錯誤都被消弭了……

一路風塵地到了基隆，餓了。吃點東西填肚子後，才由原路回到當時我位於迪化街旁窄小的蝸居之處。當時我一點也不清楚這旅程對我的影響，更別說知道這是神對我親自地撫慰。一個多月後我遭逢大難，寫下了《老神再在》。

這書在問世前，我已經是忠實讀者，它徹底改變了我！於是我許諾，每年要走一趟這路線的旅程，如朝聖的儀式一般。每一次的「朝聖儀式」，我全身細胞都處在顫抖與淚流裡，我一路哭喊著：「謝謝祢，神！謝謝祢看顧我，我知道是祢……我知道是祢……」我當下體悟到自己的渺小與祢偉大的慈愛，完完全全地臣服！

你的心終於因為受苦而軟化。我只是幫你一個忙，讓你的小我看見更大的那個，但你當時還不知道，那個更大的其實就是你自己的靈魂與神識。直到你一個月後寫下《老神再在》……

但是現在這本卻讓大家等了四年……祢知道我被第一本書嚇傻了，我的小我多疑，當祢說會有許多人閱讀時，我還不相信，於是出版後我決定來個試探……

試探我？看看書會賣得怎樣是嗎？

是！儘管《聖經》裡說「不可試探神」，但我心想，這要真是來自神的話語，那我就算不刻意「促銷」，祢的意志一樣會完成。於是我就放手，完全沒在意銷售數字！這本書卻成功的開啟了出版社的新市場，也讓我成了小有知名度的「作者」。坦白說，從一個默默無聞的素人到圈內人盡皆知，我還在適應……

你最好趕快適應，你已經暖過身，真正精采的才要開始。

謝謝祢！謝謝！可以再為我說說如何算是「人生正確的道途」？

正道不在人間，在天心，然而不透過人間，無法明白天心。生命中事與願違的事遭遇多了，就自然而然地會向內尋找走向天命的道途。那是在你們來到世間以前，早已做好的腳本和承諾，明白的人，儘管崎嶇難行，卻願意安步當車。

當你發現，你可以泰然自若地安頓身心，去扮演你的角色、面對你的際遇，不焦不燥、不急不徐、心平氣和，你就算不是走在正確的道路上，也是在用正確的態度走著。而正確的態度遲早把你領到屬於你的正確的道途——那個你我早已約定好的道途。

你呢？你又怎麼看你眼下人生的道途呢？

我曾經因為我的家庭沒有給我一個快樂安穩的童年而不快樂，直到我領悟到，「快樂安穩」本來不是人生的理所當然。當我意識到，人生沒有「理所當然」這回事，我在好多意識上的束縛就解開了，因為接著就是「面對與接受」、「承擔與負責」。很奇妙，一旦「你願意」開始面對承擔，就會帶來更多生命重大的領悟，這個領悟帶領我一路至今。

你的這些領悟的種子不單單屬於你，它必種植於許多人的心中，直到收成。有許多人都有著原生家庭的糾葛。

另外，我發覺很多人往往在自己的生活裡入戲太深，要是能夠學會以他人視角過生活，應該可以輕省很多。

是啊！要是你們都能夠用「像是過別人的日子」一樣的視角來面對自己的生活，人生就能輕快許多。當一個人已經開始可以用另外一個更高格局的角度去審視自己的生命過程與事件，就像是看著一部電影般，用另一個視角去觀照自己，他必定會扎實地觸碰自己的內心，畢竟，你們似乎在看別人的問題上，都能有著一種超然的處理態度。

心靈才是老大，但我們都習於被頭腦掌握，要學習用心靈主導，實在是太難了！

人們選擇說一件事困難，只因爲這樣說比較容易，而非它眞的難，這又是頭腦追求「最小阻力解」的把戲。直到你去做了你才會知道，其實不難，放下頭腦是意願的問題而已！就算做不到也不要緊，頭腦是在世間生活的必要的工具，但畢竟只是工具，不要讓它當主人。

當我說「把腦袋忘掉」，並不是要你們不用頭腦，而是更清楚的明白「心」之於你們的重要，在這個「知識頭腦」掛帥的年代裡，「心」之效用更形重要。畢竟這世界充斥著「學問飽滿」但思言行卻「荒腔走板」的知識份子。

知識沒有力量，行動才是，行動力量有限，有心和用心的行動，能量無窮。如果你所知道的知識不能在生活裡被眞心實意地行出來，也只能淪爲廟堂上的教條和口號，對生命沒有益處。這裡說的「知識」，當然也包括諸多和靈性有關的知識。

我見到許多人不停外求，甚至仰仗宗教或是心靈課程，企圖解決生命的疑惑。

生命需要不同的道途前往覺察，每一個人所遇到的，都是最相應的道途。沒有一條道路是唯一的，但在各自的道路上，都有此四個層次：「覺知」、「覺察」、「覺醒」、「覺悟」。覺知即爲反省的開端，與覺察互爲表裡。而當這一份覺察超越了頭腦的覺知，進入了潛意識乃至宇宙之心，便是覺醒，而能恆常的保持這樣的覺醒狀態，則稱爲覺悟。

之所以世上有這麼多的宗教、法門、宗派、課程，爲的是有這麼多不同的層次、思維、文化乃至信念的人需要幫助。不是每一條道途都要參與，但所有的道途都無法避免導向「回歸自己」，即便你「不上道」、「不入流」，不信任何宗教或靈修，也都會面臨認識自己的課題。因此不需要批判他人，不用去論對錯，只要觀察。

將你的眼放在對自我內在的關注與反省，就能不假外求。你仍然會看會聽會學，只是透過外在看見、聽見與吸收到的，都將與你內在的智慧層次相應而融合交會，形成一個獨一無二的生命個體。

不會融合吸收的，就變成了知識胖子。

「知識」不是力量，如果它沒被徹底實踐。就像西瓜好不好吃，你得親自吃上一口；「知識」管不管用，你得親自拿生活換經驗。「奇蹟」會不會發生，你得用生命做實驗，紙上談兵取不了勝利。

✧分辨「神」和「頭腦」

我把公司的名字取為「奇蹟實驗工作室」。

所謂的奇蹟，只是一般頭腦無法理解的尋常事。如果你把汽車開到耶穌的時代，連耶穌都會呼喊奇蹟！當你「知道」魔術的底細，魔術就不是魔術；當你透徹「了解」奇蹟是什麼，那發生的就不算是奇蹟。對處於「神性狀態」的人來說，所謂的神蹟奇事都是自然而然，如果你終於體悟到「神」就在你之內，則為你自己創造奇蹟也不是不可能的了。

我被問到最多的一個問題就是：我要如何分辨心中的聲音是「神」、「大我」的聲音，還是頭腦小我的話語？

這問題不亞於「我是誰」的重要性。雖然問「我是什麼」更為精確，但是凡開始有此疑問的人，幾乎已經確定是開始走在道上了。當一個人深刻地了解自己的心，就能分辨二者的不同，但有更簡易的方法。神並非用耳朵可聽見的頻率與你溝通，神用一切可能的辦法溝通，除了外在的「徵兆」，「直覺」的出現多半和靈光乍現的念頭類似。

更深入內心者，則可以感受到像是心語般的安慰，你唯有從內容給你的「感受」中去識別。但凡讓你有溫暖、平安、喜悅、自在、接納、寬廣、愛、智慧、博大……等的「感受」即是「神語」。若是偏向鬥爭、偏激、自私、謾罵、攻擊、算計、自貶、比較、計較……等的「感受」即是「小我」。

這不難分別，難的是用一個「第三者」的超然眼光去判別，而非小我之心解讀。小我怎會承認自己有諸般的負面？然而人是無法欺騙自己的心的，可以由此確知，人心內在有一個本然存在的價值標準，那便是宇宙之心之所在。當一個人陷溺在「小我」的意識中，就如同在五里霧裡，意識被蒙蔽到甚至連自我的聲音都懷疑，更別提神的聲音。

首先必須要先了解「自己」是什麼，然後才能對「神」進行理解，而理解也只是頭腦層次的「知道」，唯有在生活裡眞正落實到有所體悟後，才能有血有肉的彰顯在思言行當中。這也是何以阿波羅神廟會刻上「認識自己」的原因，因爲那是通往神的途徑。

我的想法跟祢一樣。通常我會說：「假如你聽得到神的話語，你認為神的話語會帶給你什麼樣的感覺？」然後他們開始提供許多的答案如：愛、感動、智慧、幽默、包容、喜悅、自在……我已經不需要回答如何分辨大我、小我的聲音了，他們自己已經說出答案了。

你回答得很好！只是多數人還是習慣用腦袋評判、擋駕來自神性的訊息。要是能有那麼一次，他願意傾聽直覺的聲音去做出決定，就會明白，那超越頭腦邏輯的神蹟奇事，根本可以成爲他生活的一部分。

人們習慣倚賴腦袋，並向外尋求確認，是一種尚未明白自我的象徵。其實答案和力量一直都在那裡，只是沒人聽，或是聽了又不信。關於內在的力量是「只要信了就是成了」，剩下只是不斷強化那份「信」，這也是爲何宗教在一開始便要求你「信」。

其實你眞正該信的不是十字架上的耶穌，也不是那神壇上的神像，祂們只是提醒你，也可以和祂一樣踏著祂的步伐走向悟境，你眞正該信的是你內在的力量。「相信」讓內在平行宇宙的投射更顯得強力而快速，當耶穌治癒病患時祂說的是：「是你的信救了你！」

「相信」是一切的開始！要知道，世界只是一層出自神的意識的分裂與投射，本質是虛幻的。眞實的宇宙就在你之內，**認識自己的內在就能認識宇宙，相信自己就能找到神**。一旦你眞切地認識了自己，要了解他人內在世界也如探囊取物一般。

即便我能清晰地分辨內在的神或是腦袋的聲音，我仍舊經常受到習氣和小我的影響，像是註定一般，人生像是非要進入一個逆境，否則不能扭轉……

萬事萬物都非恆常靜止，而是不停地運動輪轉。逆境是順境的開始，興盛是衰敗的開頭，這是二元世界的常態，無常即是尋常。在自然界中，你幾乎找不到眞正靜止、毫無變化的狀態或物質，只有振動頻率的差別。小我之心亦同。正因爲它們不停變化輪轉而非實有，所以無須爲這幻象所惑。

「降伏其心」指的是超越這二元表象，調和小我之心。若無表象的試煉，要如何調和並且超越？然而表象究竟是表象，世間只是一個幫助你了解生命而搭建的舞台，只是當人們把表象當實相，入了迷惑以後，非但不能了解，也不願接受。

許多人因爲把外在現象的一切當眞而讓自己陷入泥沼，要是他終於發現，世間的一切不過只是場「虛擬立體實境」的遊戲，而他可以有無數次的機會玩這場遊戲，他就已經在覺醒上先馳得點。只是光在道理上理解不夠，你們需要身體力行的體悟。修煉與覺醒都是自己的事，別人替不來也說不上，所以有些人眞的必須來上許多次，才能終於看清遊戲本質，學會不再執著。

✧人生總有機會

要是有人終於知道，他其實可以有無數次的「生命機會」可以體驗、可以犯錯、可以荒唐、可以在一切祢所給的「自由」裡嘗試人生，而祢把這點講白了，是不是等於告訴這些人此生可以荒唐？祢等於告訴他「你其實可以不必太努力，因為下次還有機會」。

這些論述早就不知道被說過多少回了！你以爲你我這是第一次講？重點不是誰在講，而是誰在聽？請你放心，與其擔心一個人會不會因爲知道有無數次生命的機會而擺爛，倒不如看看世間還有多少人沒聽到的？有耳可聽的就應當聽。當然也會有聽到了還是決定擺爛的人，那就隨他吧！神並不需要爲你的人生負責，如果你自己都已經放棄。

我想很多人並不知道自己正在放棄，他們有可能只是少了提醒或少了某種動力。

我以前住家附近的廉價咖啡店常被一群計程車「運匠」占滿。他們嚼檳榔、抽煙，說著言不及義的話，然後跟隔壁的樂透店下注買「賓果」遊戲。我喝咖啡時偶爾會跟他們哈拉兩句，竟然有人一整天不跑車，光在賓果上可以輸上二、三萬！還有人輸到被錢莊逼著跑車還錢……

我也常看見在路邊排班等客人的司機，坐在馬路邊抽煙看報。我常想，要是這些時間拿來看點書、增長自己的另一項技能，是不是可以有個機會轉業？不用跑車跑得這樣辛苦。但我不認識他，也覺得這些建議他不一定聽得進去。我認為職業不分貴賤，開計程車是一個社會上重要的工作，但要求自己從業的態度，並且持續提升自己的能力，我認為是一件重要的事情。

你一點也不需要為他們擔心。人人各有道途，有些人直達，有些人繞圈，都沒有錯誤。或許在你看來，一個人正在鬼打牆繞圈圈，然而那就是他必須要經歷的。一個成熟的人明白，不能剝奪他人學習與經歷的過程。

如果你與他不熟識、不相應、無機緣，那也無須去主動套好。即便有機會相應，去讓你給出建議，你也得斟酌著說法與態度，並且小心你的用詞遣字，不是每一個人隨時準備好接受教導，而且別指望對方因為你的建議而改變，因為那從來不是、也不該是你的責任。要是你確實給了建議，給完就忘吧！最好是連這人、這事都忘得徹底，做完後隨時把注意力回歸到自己身上。

有人說，若叫不醒一個熟睡的人，最慈悲的作法就是讓他睡好一點。

你甚至不用理他「是不是睡得好」，你只需繼續做你自己的事。你有你自己的任務，他有他的。如果昏沉迷茫就是他人生走到此刻該有的狀態，那你應該有這份明白別涉入，要我說就是「干你屁事」！

祢有時候還真是沒心沒肺！

你以為「幫助就是對」？你怎知道那對他一定是幫助？如果對方的狀態沒有準備好接受，你的幫助就變成多事，多事的協助是失敗的協助。你有可能不知不覺幫了倒忙，還以此沾沾自喜。在宇宙無量的因果網裡，人類的自以為是常常壞事。

所以對需要幫助的，就應該視而不見？

孩子，如果你有能力幫助，也有心幫助，還得看對方是不是願意被幫助，以及你是否在恰當的時機，用恰當的方式去協助。當上述的條件有任何一個不恰當，你的協助就會顯得挫敗。智慧的協助者不會以協助者的姿態出現，他總會在最佳時機——也就是和被幫助者最相應的時候，用不著痕跡的方式去給出。不論那份幫助是金錢的佈施或是智慧的建議，甚至小到「開車送人回家」這樣的事，也不會顯得刻意。

什麼是不著痕跡的方式？

就是不刻意，像是順便般的。這讓被幫助的人可以保持住尊嚴，也讓幫助者自己不會記憶太久。「施人勿念，受施勿忘」這句話是對的。

但是人們很常記得做過的好事，就像是被得罪時一樣的記憶深刻。

記得也沒有不好，能記得表示你頭腦還清醒，只是你有可能不會很快樂就是。一個老是記得自己佈施給予的人，如果不是想著有一天要討回人情，要不就會等著跟老天要「回饋」。而一個老是記得被誰得罪、被誰虧欠的人，基於平行宇宙的創造法則，他很難不再繼續創造被得罪、被虧欠的事情。這兩者都不是很快樂，因爲都是被「匱乏」的心態所宰制。

我被得罪心中有怒，也是匱乏心態？

當你被得罪或傷害時，是不是有「討回來」的心態？如果沒有「匱乏感」作祟，你需要討什麼嗎？那個匱乏感就是「神的榮耀」，而「神的榮耀」便是與你永在的「宇宙之心」。這份「宇宙之心」，內在以能量的形式與你共存，外在以價值觀的思維形成你的爲人標準。祂無形無相也不增不減，無法被製造也無法被毀滅。總說一句，那是你們每個人的本來面目。

這不就是《心經》裡所說的嗎？

你以爲《心經》說的是什麼心？是「宇宙之心」，而你們正是「宇宙之心」的彰顯。一個找到宇宙之心的人行走在地上，不會虧缺上帝的榮耀。他因爲沒有匱乏，所以可以給予，所以可以無求，所以可以無爭。他因爲心中自有平衡，不會著眼於人間戲碼所在乎和計較的，即便被人開罪，也一笑置之，因爲他知道，老天那裡明明白白一本帳，著實不用他來費心。

這樣的人看人、看事都不是一時的，而可能是前後幾輩子。也因爲不看眼前的假象，只著眼於實境中，他很容易常保喜樂。不然，你以爲「天國」或是「極樂世界」是個什麼地方？《聖經》上不是說了嗎？「天國在你們心裡」。達到這樣心靈狀態的人，就能在人世間投射創造出樂土，當然，當他離開世間，除了天國，也沒有別的地方可以去。

凡事思維時加入「時間軸」，一切的答案都會變得不一樣。

一個凡事會從「時間軸」角度出發的人，其實已經同時活在過去、現在、未來中。宏觀者明白此三者同時存在於當下，也因此他明白，其實沒有過去、未來，甚至連時間都是虛擬的幻象。一個經常用宏觀時間軸思維的人，格局是大的，他不會小心眼的只求眼下的利益、好處與爽度。他會在當下找到最有利於彼此雙方乃至四方的方式前進，重點是他任何情況下「總會如此選擇」。

這樣的人會不會又太不活在當下？太不切實際？畢竟生活裡面有許多事情你眼下就必須處理，宏觀不起來啊！

兄弟！一個眞正宏觀的人不會介意花時間、花心力處理「眼下」的事情。對他來說，時間根本不存在，活好每一個當下、處理每一個當下該處理的事，都是重要的，不論那該處理的是自己的心還是外在的事。他只會心如止水、平平靜靜地去完成那該完成的任務。要知道，你們可都是來地球出任務的。

很多人遇到的困境是：不知此生的任務與天命。

這類人遇到的困境是：不願意面對現實，做好眼前該做的事。一個人的任務與天命不會預先讓人知道，甚至也沒有道途中的指標。

你已經注意到「算命」只能說個大概，縱使算盡天機，也沒有人可以鉅細靡遺地把一生說盡，因爲你們具有自我的意志，宇宙則有宇宙的意志，這兩股力量是拉扯或是並進，決定在每個人。

與命運拉扯的人，會感覺總是事與願違，諸事不順，他「以爲」他不知道正在跟老天拉扯，其實都只是自欺。不是「事」與他的「願」違，更有可能的是：他的「事」並非老天所「願」，或許老天的「願」正是藉由他的不順，而讓他獲得領悟與學習。「人定勝天」是這類人常會說的話，但在時間不斷地推遷之下，獲勝的常常是老天，即便「人」偶爾會贏，也是老天「讓分」。

所以我們應該不要與天爭，最好是與天並進？

要是老天不許，一片葉子也不會落下。人生要成就，不能單靠膽識、勇氣和熱情，一個有智慧的人，懂得順天之勢，更懂得爲自己造勢。

這話我好早以前就聽說，但是很多人還是不知該如何「順天」，更不會「造勢」。我們只是凡人，該如何測度老天的心意？一個無法「揣摩天意」的人，又要如何為自己造勢？

老天的心意沒那麼難測度，不過是要你們「愛人惜物」、「愼始敬終」、「勤勞不懈」。在「愛人惜物」的部分，但問自己是不是對人感恩尊重、對物資珍惜不浪費？「愼始敬終」說的是重視每一個細節的態度。「勤勞不懈」不用解釋，不要錢的午餐最貴，天道總是酬勤。這三者都是「態度」，人的每一個階段的創造，都與這些「態度」有關。不只別人瞧著，老天也記著。

所以一個人的未來道路，都是掌握在自己當下對一切事物的態度上。

任務與天命就在當下顯現，你可以說「當下」就是你的任務與天命。當一個人願意把當下的事情盡心盡力做到圓滿，他就正在履行他的任務與天命。至於你們最想知道的有關「未來」的過程與結果，則取決於你們在每一個當下的「態度」。

人生是一連串選擇的結果，小到購買的物品，大到人生的方向，甚至是你們常常提到的因果，都是你們自己的選擇，而眞正重要的選擇是「態度」。你們對許多事件的「態度」決定了你們每一步的未來。

未來可以預測嗎？

那要看是誰測、測誰了。一般人的頭腦既無法被預測，也無法去預測未來，但是對於一個心胸和思維格局都與神同高的人來說，因爲有夠廣大的心量空間，可以容納更多變化的可能，未來全部含括在祂的資料庫中。

所以一個人修煉到某個程度，確實可以有預測未來的能力？

孩子，這能力一點都不實際，也不好玩。相信我，當你擁有這能力的一天，你會希望這沒有發生。當未來被你們知悉，就會局限了你們的可能，於是最大的可能便是沒有了未來。

我把未來的事封印住，不是爲了整人，而是爲了保護。神可以知道祂未來要幹嘛，但祂無法、也不想去知道或是影響你的決定，更不要說祂就是那無法被測準的集體意識，屬於集體的大未來，是永遠測不準的！

我把我自己放在你們心裡，人和神一樣具有創造性，而創造是具有可塑性的。因爲你就掌握了未來創造的可能性，所以任何的預測都只能是「測不準」。任何一個企圖去發現未來、或是預測未來的人，其實某種層面上正在浪費時間，也可以說他正在失去未來。一直以來都是：**有當下才有未來。一個無法活在當下的人，什麼都創造不出來，他的未來永遠不會來。**

活在當下的態度……

是的！你願意表現出這樣的「態度」嗎？

我願意！

孩子！當你說「我願意」，就已經啓動了生命起飛的開關！

這麼簡單？

是啊！這麼簡單！生命並不複雜。「當下」與「態度」也都是簡單的東西。只是，說「我願意」簡單，能落實做到的人並不多。在「願」之後，你們總是有很多的「但是」。對「願」眞正負責任的態度就是「粉身碎骨，此願不改」，不管你的「願」是什麼。

一點彈性都沒有？要個心願而已，代價那麼大！？

身體會滅，但生命不滅，對一個值得的「願」來說，「粉身碎骨」這代價一點都不大。事實上，你們若眞認識「身體可滅、世間不眞」的事實而有「無執著」的豁達，就不會在乎捨身的打算。

沒有徹底的付出，又爲何認爲你們所要的「應該」要來到生命裡？二元世界裡從來沒有什麼是理所當然的「應該」。即便是我白白給你們的，你們也不可有「理所當然」的思維，感恩的念想會將你們帶往眞實的生命經驗。

經上說：「凡要救自己生命的，必喪掉生命；凡爲『我』喪掉生命的，必得著生命。」事實上並非眞的要你粉身碎骨喪掉生命，要看的只是你對「願心」的堅定。經上說的那個「我」，指的是你內在的神性，「願心」則是發現那神性的決定。一旦你啓程，就不會走回頭路，只有一路向上的迴旋梯——雖然很多時候它看起來像是往下。當你最後找到那個「神性的自己」，永恆的生命已經爲你建立，你必將承受屬於你在地上的樂土。

所以，一個用「宇宙之心」過日子的人會有怎樣的行事風格、態度、人生觀？

許多人以爲，「慈悲」就是宇宙之心的展現，但是一個空有慈悲卻無智慧的人，就容易陷入「愚悲」的困境。宇宙之心乃是大智之心，如果會愚，也是刻意爲之的「大智若愚」。愚悲的人老是一副菩薩心腸，看見人家有錯要講、看見人家有難要幫、夫妻吵架要勸、看不順眼要唸、別人往生跟著哭、別人窮困跟著苦……還以爲自己是「聞聲救苦」的菩薩？哪有這麼當菩薩的？這些人自顧尚且不暇，卻藉由「顧他」來逃避處理自己問題的責任，還用「慈悲」作爲不負責任的藉口。

你問我，帶著宇宙之心的人會有怎樣的風格態度？他們的確是慈悲的，但**真正的慈悲是帶著智慧的愛，不是與之同悲同苦**，而是在帶著關注與關愛的陪伴中，不注入負面的情緒能量。他帶著「寧靜超然」的慈悲，完全讓你感受到被愛覆蓋包圍。這種帶著智慧的愛，隨時與之隨行，不說理、不要求、不占有、不索取、不戀棧；只是包容、只是理解、只是接納、只是關懷、只是給予、只是行動。這是眞正的大愛。眞正的大愛永遠會用你需要的方式引導你到那該面對的道途，而不是引領你逃避。

宇宙真正的大愛是給予「我需要的」而不是「我想要的」！

我總是恰如其分地知道你們眞正的需要。《聖經》上說：「你們中間誰有兒子求餅，反給他石頭呢？求魚，反給他蛇呢？你們雖然不好，尚且知道拿好東西給兒女，何況你們在天上的父，豈不更把好東西給求祂的人嗎？」只是這個「好」不一定和你們所「以爲」的一樣。

當你生命中遭遇一些險阻橫逆，是因爲我知道你需要一些責任與考驗。當你生命中遭逢傷心欲絕的事件，是因爲我知道你需要經歷宏觀與豁達。當你生命中遭逢欺騙與狡詐，是因爲我知道你要力行眞誠與信實。當你生命遭遇由高峰跌落谷底，是因爲我知道你需要體驗平淡與無常。當你以爲你找不到我，那是因爲我知道「你可以」。

因爲我是你的父，我給你的負擔必不會多過你能承受的，給你的資糧也不會多過你能浪費的。有時候你們難免遇到一些困難的試煉，不要咒詛，不要埋怨，要知道，沒有無用的經驗。所有過去你所經歷到的，都是你該經歷的。過去所有發生的，都是應該要發生的。既然無可挽回，也就不必懊悔。

原來，我就是我那所需要的，我就是我那該原諒的，我就是那力量、勇氣以及一切的豐盛。是的！我是，我就是！

人類的歷史一直在尋找救世主，其實眞正的救世主只有自己，當一個人發現了自己內在那份與平行宇宙一起創造的神奇力量，他就是他自己世界的救世主。眞正的天使不是只有光與愛和許多高深靈性理論，眞正的天使會看見人間的苦難並試圖減緩。一個有能力的天使，不會讓自己的能力只在課堂上傳遞，而不落地於世間。

當你自己的救世主，當這世界的天使，讓自己成爲他人的禮物，這是你們來此地唯一的使命！

謝謝祢！謝謝祢！

願你們平安！

後記

從前我是個窮業務，滿腦子想的都是訂單和錢。生活中除了這兩件事，壓力大得抽不出心神來關注生命裡的細節——那些不經心、不以為意、甚至是被用「巧合」刻意忽略的大大小小專屬於我的奇蹟。

直到我萬念俱灰，直到我心如止水，我的世界霎時間萬籟俱寂。我開始注意到，那點點滴滴出現在生活裡的事件和如潮水般來去的人。這些人與事在我生命的交會處發生連結，這是偶然嗎？還是必然？如果是必然，那是誰促成的？又為什麼發生？我開始陷入沉思……

當我終於明白，這一切的發生都是因著神與人們對我的愛時，我淚流滿面，剛硬的心終於臣服軟化。我不但開始留心生活裡小小的細微處，也從當中看見祂的美意。當我注意到那「小小的奇蹟」時，幾乎是同時地，祂也為我預備將要給我的「大大的奇蹟」。

「人若在小處忠心，在大處也必忠心」。如果你在小地方有對奇蹟的感恩，那你必看見更大的奇蹟……

清醒之後一路走來，我一直是用這樣的態度，感恩著許多人許多事……感謝這一路給我支持、幫助、鼓勵、批評、建議的人。有好多我都不能說出你們的名字，但我們都建立了很深厚的關係。雖然我沒提名字，但你知道我在對你說。我深深知道，神透過你和妳的手與心在對我撫觸，我感動莫名，無以言表。

我的工作就是承接你們的支持與祝福，往更深入的心靈幽徑走去，然後將更多的力量帶給世界。這是我的任務和使命，我約定的，然而你們的愛能量卻是那樣豐沛地澆灌我，使我走在奇蹟的道路上，永不畏懼亦無匱乏！謝謝你們！

謝明杰　敬上

謝明杰

1972 年 1 月 29 日生。2008 年因為一場生命的奇遇而寫下了《老神再在：奇蹟對話錄》，2010 年出版後，他生命的外部開始出現巨大的轉變。2011 年的一場迷戀使他寫下了《老神再在 II：愛的覺醒》，也因此進入一段穩定而甜美的關係。這兩本神來之筆的書籍，讓默默無聞的他在身心靈圈聲名大噪，當然也幫到了許多類似生命經歷的人。這是他的第三本書。

他自幼異於常人但不被接受，於是叛逆地過著並不美好甚至是悔澀黯淡的日子，他透視真相的眼睛也因此讓他累積出更厚實的生命經驗。直到他學會「接受」，生命才開始有了光亮。他相信靈性要落實在生活中，老天沒讓他離開是因為工作未完責任未了。現為奇蹟實驗工作室的負責人。

在身心靈圈中，他是一個很另類的人，從不自稱老師的他，鍛鍊出一身的肌肉並且刺青，是個光頭刺青大漢；但古道熱腸也熱愛小動物，喜愛運動、旅遊、交友。自認沒有藝術細胞，卻喜歡附庸風雅的品茶和欣賞藝術創作，對於箭道、武術亦有高度的興趣。

著作：

老神再在：奇蹟對話錄

老神再在 II：愛的覺醒

老神再在Ⅲ：破繭而出

老神再在Ⅳ：乘風展翼

懂你自己，才能做你自己：謝明杰不專業修行筆記

靈售力：你不會得到你想要的，你會得到你相信的

臉書粉絲頁 

臉書社團 

國家圖書館出版品預行編目資料

老神再在 . III, 破繭而出 / 謝明杰著 . -- 二版 . -- 臺北市 : 商周出版 : 英屬蓋曼群島商家庭傳媒股份有限公司城邦分公司發行 , 2022.06
面； 公分

ISBN 978- 626-318-290-5 (精裝)

1. 心靈學 2. 靈修

192.1 111006364

老神再在 III：破繭而出【修訂版】

作　　者 / 謝明杰
企劃選書 / 徐藍萍
責任編輯 / 徐藍萍
校　　對 / 郭怡婷

版　　權 / 吳亭儀、江欣瑜
行銷業務 / 黃崇華、賴正祐、華華
總 編 輯 / 徐藍萍
總 經 理 / 彭之琬
事業群總經理 / 黃淑貞
發 行 人 / 何飛鵬
法律顧問 / 元禾法律事務所　王子文律師
出　　版 / 商周出版　台北市 104 民生東路二段 141 號 9 樓
電話：(02) 25007008　傳真：(02)25007759
E-mail：ct-bwp@cite.com.tw　Blog：http://bwp25007008.pixnet.net/blog
發　　行 / 英屬蓋曼群島商家庭傳媒股份有限公司 城邦分公司
台北市中山區民生東路二段 141 號 2 樓
書虫客服服務專線：02-25007718；25007719
服務時間：週一至週五上午 09:30-12:00；下午 13:30-17:00
24 小時傳真專線：02-25001990；25001991
劃撥帳號：19863813；戶名：書虫股份有限公司
讀者服務信箱：service@readingclub.com.tw
香港發行所 / 城邦（香港）出版集團有限公司
香港灣仔駱克道 193 號東超商業中心 1 樓；E-mail：hkcite@biznetvigator.com
電話：(852) 25086231　傳真：(852) 25789337
馬新發行所 / 城邦（馬新）出版集團 Cite (M) Sdn. Bhd.
41, Jalan Radin Anum, Bandar Baru Sri Petaling, 57000 Kuala Lumpur, Malaysia.
Tel: (603) 90578822 Fax: (603) 90576622 Email: cite@cite.com.my

封面設計 / 張燕儀
排　　版 / 極翔企業有限公司
印　　刷 / 卡樂彩色製版印刷有限公司
總 經 銷 / 高見文化行銷股份有限公司　新北市樹林區佳園路二段 70-1 號
電話：(02)2668-9005　傳真：(02)2668-9790　客服專線：0800-055-365

■ 2015 年 6 月 4 日初版
■ 2022 年 5 月 31 日二版

城邦讀書花園
www.cite.com.tw

Printed in Taiwan

定價 380 元

 ISBN 978-626-318-290-5